BERNHARD MOESTL

HANDELN
wie ein
SHAOLIN

Die acht Schritte
zu gelungener Veränderung

Besuchen Sie uns im Internet:
www.knaur.de

© 2017 Knaur Verlag
Ein Imprint der Verlagsgruppe
Droemer Knaur GmbH & Co. KG, München
Alle Rechte vorbehalten. Das Werk darf – auch teilweise –
nur mit Genehmigung des Verlags wiedergegeben werden.
Covergestaltung: ZERO Werbeagentur GmbH, München
Cover- und Innenteilabbildungen: FinePic®, München/shutterstock
Satz und Layout: Veronika Preisler
Druck und Bindung: CPI books GmbH, Leck
ISBN 978-3-426-21427-5

2 4 5 3 1

Für Marianne,

du bist der mutigste Veränderer, der mir je begegnet ist.

Inhalt

Einleitung
Wie dieses Buch funktioniert, und wie Sie daraus
den größten Nutzen ziehen   11

1 Der Schritt ins Ungewisse   19
Verstehe, dass Sicherheit nur eine trügerische
Illusion ist

2 Der Schritt zur Selbsterkenntnis   45
Verstehe, dass Können oder Nicht-Können deine
Entscheidung ist

3 Der Schritt zur Selbstachtung   67
Verstehe, dass nur, wer sich selbst achtet,
äußere Einflüsse erkennen und abwehren kann

4 Der Schritt der Zielfindung   91
Verstehe, dass es ohne Ziel keine Richtung gibt,
in die du aufbrechen kannst

5 **Der Schritt der Wegbestimmung** 113
Verstehe, dass erst ein klarer Weg deinen
Veränderungswillen zum Leben erweckt

6 **Der Schritt der Ermächtigung** 135
Verstehe, dass du Veränderung entweder
selbst gestalten oder aber ertragen musst

7 **Der Schritt der Umsetzung** 157
Verstehe, dass allein das Handeln Träume
Wirklichkeit werden lässt

8 **Der Schritt zur Nachhaltigkeit** 179
Verstehe, dass jede Veränderung eine
Investition ist, die sich erst auf längere Sicht
rechnet

Epilog 203
Danksagung 205

Reden kocht
keinen Reis.

(Aus China)

行必果

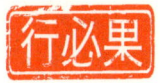

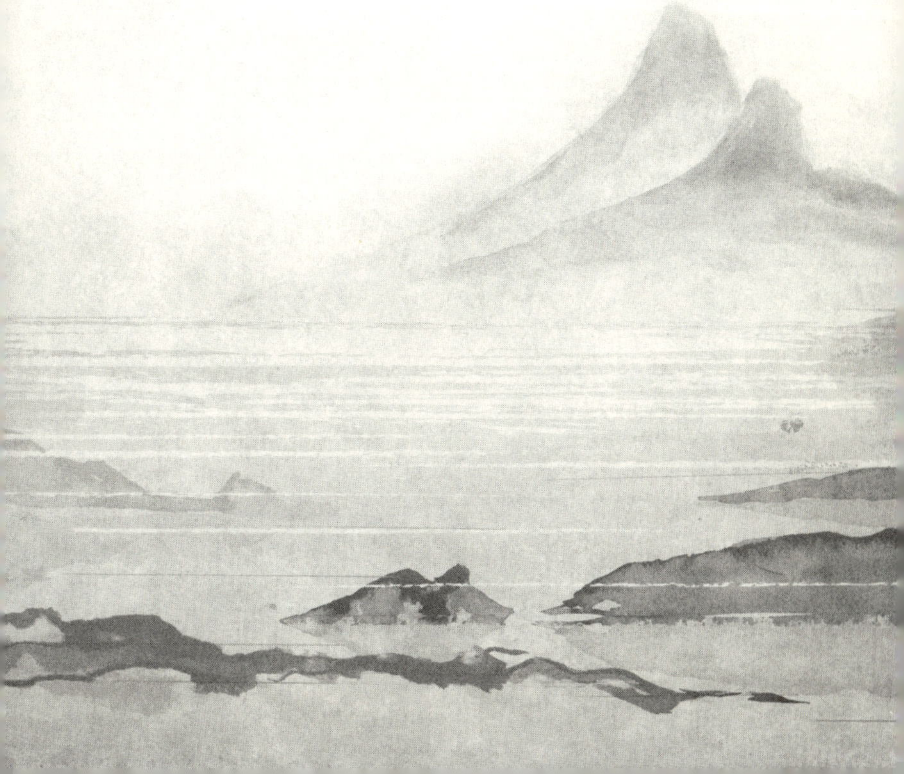

Einleitung

*Stehe nicht am Wasser und sehne dich nach Fisch.
Gehe heim und webe ein Netz. (Aus China)*

Wie dieses Buch funktioniert, und wie Sie daraus den größten Nutzen ziehen

Zuerst einmal herzlich willkommen. Schön, dass Sie da sind, um sich mit mir gemeinsam mit dem Thema Veränderung auseinanderzusetzen, das heute aktueller zu sein scheint denn je zuvor. Gerade in der letzten Zeit erzählen mir immer mehr Menschen, dass sich das gefühlte Tempo der Veränderung so stark erhöht hat, dass sie manchmal Angst haben, nicht mehr mitzukommen. Mir selbst ist das erneut bewusst geworden, als ich vor zwei Monaten wieder einmal in Shaolin war. Kurz nach Einbruch der Dunkelheit, als die Abertausenden Touristen, die tagsüber das Kloster bevölkern, schon lange in ihren Hotels waren, stand ich auf dem Platz vor dem Tempel und betrachtete nachdenklich das geschlossene Tor. Hier, so kam mir in den Sinn, war ich vor mittlerweile einundzwanzig Jahren das erste Mal meinem Meister Shi De Cheng begegnet. Mittlerweile hat er wie die meisten Mönche das Kloster verlassen. Recht unvermittelt fragte mich in die Stille der beginnenden Nacht hinein plötzlich ein Mitreisender: »Woran denkst du gerade?« Überrascht von der unerwarteten Frage, antwortete ich recht knapp: »Daran, dass die Veränderung nicht einmal am Shaolin-Kloster vorübergegangen ist.« Eine Erkenntnis, deren Klarheit mich für einen kurzen Moment selbst schockierte. Denn obwohl äußerlich auf den ersten Blick vieles war wie in meiner Erinnerung, wusste ich sehr wohl, dass auch hier nichts beim Alten geblieben war.

Was aber hatte ich andererseits erwartet? Schließlich stand ich an einem Ort, dessen Bewohner mehr als 1500 Jahre lang den ständigen Wandel des Lebens nicht nur ertragen, sondern diesen zu großen Teilen selbst mitbestimmt hatten! Ohne die Mönche von Shaolin, so hatte ich oft gehört, wäre die Geschichte Chinas wahrscheinlich ziemlich anders verlaufen.

Dennoch ließ mich die Erkenntnis, welch rasanter Wandel sich auch hier in den letzten beiden Jahrzehnten vollzogen hat, für einen kurzen Moment erschaudern. Ein Gefühl, das ein Chinese wohl kaum verstanden hätte. Viel zu sehr saugen die Menschen in China die Idee des Sich-Veränderns gleichsam mit der Muttermilch auf. Bereits vor 2500 Jahren hatte dort der große Philosoph Konfuzius geraten: »Wer ständig glücklich sein möchte, muss sich oft verändern.« So steht es bis heute im »Buch der Wandlungen«, dem I Ging. Selbst das Schriftzeichen für »handeln«, das unter dem Titel auf dem Umschlag dieses Buches abgebildet ist, setzt sich zusammen aus einem Menschen, der auf dem Weg ist, sowie den Elementen für »Bestimmtheit« und »Ergebnis«. Auch im täglichen Sprachgebrauch ist im Chinesischen die Veränderung allgegenwärtig. Denn obwohl der chinesischen Sprache das Konzept unserer Zeiten unbekannt ist, kann ein Sprecher mit Hilfe eines speziellen Zusatzes ausdrücken, dass eine Situation sich verändert hat.

Gerne möchte ich Ihnen nun das weitergeben, was ich im Laufe der Jahrzehnte, die ich den asiatischen Kontinent bereise, über das Thema Veränderung gelernt habe. Damit Sie aus diesem Wissen aber den größtmöglichen Nutzen für sich und Ihren Alltag ziehen können, bitte ich Sie, Folgendes zu beachten: Zuerst einmal wäre da die altbekannte Tatsache, dass wir nur so viel aus etwas herausholen, wie wir hineinstecken. Von nichts kommt nichts, das gilt auch beim Thema Veränderung. Deshalb habe ich das vorliegende Buch als Arbeitsbuch gestaltet.

Natürlich steht es Ihnen frei, das Buch einfach nur zu lesen. Der Effekt wäre aber wohl ähnlich, als würden Sie ein Sprachlehrbuch von der ersten bis zur letzten Seite durchlesen, ohne eine einzige der Übungen zu machen. Dann wüssten Sie nachher zwar, was drinnensteht, hätten aber Ihre Kommunikationsfähigkeiten kaum verbessert. Legen Sie sich also bitte ein kleines Heft zu, das Sie durch Ihren Veränderungsprozess begleiten wird. Wenn Sie dieses Buch einmal durchgearbeitet haben, wird dieses Heft mehr von Ihnen wissen als manche Ihrer besten Freunde. Schreiben Sie daher groß Ihren Namen darauf und behandeln Sie es mit entsprechender Sorgfalt und Diskretion. Blättern Sie ab und an durch Ihre Antworten, und Sie werden sehen, wie sehr sich Ihre Denkweise durch die Beschäftigung mit dem Thema verändert hat.

Im Laufe des Buches werden Sie häufig auf Fragen stoßen: Beantworten Sie diese bitte unbedingt immer, bevor Sie weiterlesen. Nur so kann ich Ihnen zeigen, wie Sie in einer Situation tatsächlich reagieren oder über eine Sache denken. Kennen Sie aber einmal den Hintergrund einer Frage, bevor Sie diese beantworten, so wäre das, als erzählte ich Ihnen die Pointe vor dem Witz.

Auch wenn ich Ihnen empfehle, die Fragen schriftlich zu beantworten, können Sie die Antworten natürlich genauso gut in Ihr Mobiltelefon tippen oder einfach im Kopf beantworten. Wichtig ist, dass Sie bei der Beantwortung der Fragen wirklich ehrlich sind.

So Sie sich jetzt überlegen, warum ich Sie so ausdrücklich darauf hinweise: Kennen Sie diese Psychotests, die hin und wieder in Zeitschriften abgedruckt werden? Ich glaube nicht, dass ich wirklich der Einzige bin, der dort die Fragen möglichst so beantwortet, dass nachher das gewünschte Ergebnis herauskommt.

Zweitens möchte ich Sie bitten, beim Lesen offen zu sein. Mir ist völlig klar, dass Sie nicht mit allem übereinstimmen werden, was ich schreibe. Aber darum geht es auch gar nicht. Da ich Ihre ganz persönliche Situation nicht kenne, sehe ich es vor allem als meine Aufgabe, Ihnen bewusst zu machen, welche Denkweise Sie möglicherweise von Veränderungen abhält, und Ihnen zu zeigen, wie Sie diese verändern können.

Falls Sie bereits eines oder mehrere meiner Bücher gelesen haben, wird Ihnen vielleicht der eine oder andere Denkansatz bekannt vorkommen. Ich habe manches bewusst wiederholt, weil es mir wichtig erscheint, es Ihnen noch einmal in Erinnerung zu rufen. Anderes habe ich am Ende eines Abschnitts kurz zusammengefasst, um Ihnen die Grundlagen für meine weiteren Ausführungen zurück ins Gedächtnis zu rufen.

Veränderungen, so haben mich die Mönche in Shaolin gelehrt, muss man entweder ertragen oder aber selbst gestalten. Wer sich aber für Letzteres entscheidet, so habe ich auch gelernt, der hat dafür nicht ewig Zeit. Veränderung kann sich nur dort vollziehen, wo wir die Voraussetzungen für sie kennen: im gegenwärtigen Augenblick. Morgen nämlich, so lehren die Mönche, können die Bedingungen schon wieder ganz andere sein. Veränderung dauert genau jenen Augenblick, in dem Sie sich dazu entschließen, etwas von nun an anders zu machen. Damit Ihnen ein verändertes Verhalten aber irgendwann genauso selbstverständlich wird wie das gewohnte, braucht es mehr. Selbsterkenntnis, Selbstachtung, Ermächtigung und Umsetzung sind einige der Punkte, an die uns unsere Reise zur nachhaltigen Veränderung jetzt führen wird.

Sind Sie bereit, mich zu begleiten? Dann lassen Sie uns gehen.

Besser auf neuen
Wegen leicht stolpern,
als in alten Pfaden
auf der Stelle zu treten.

(Aus China)

行必果

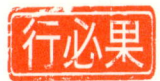

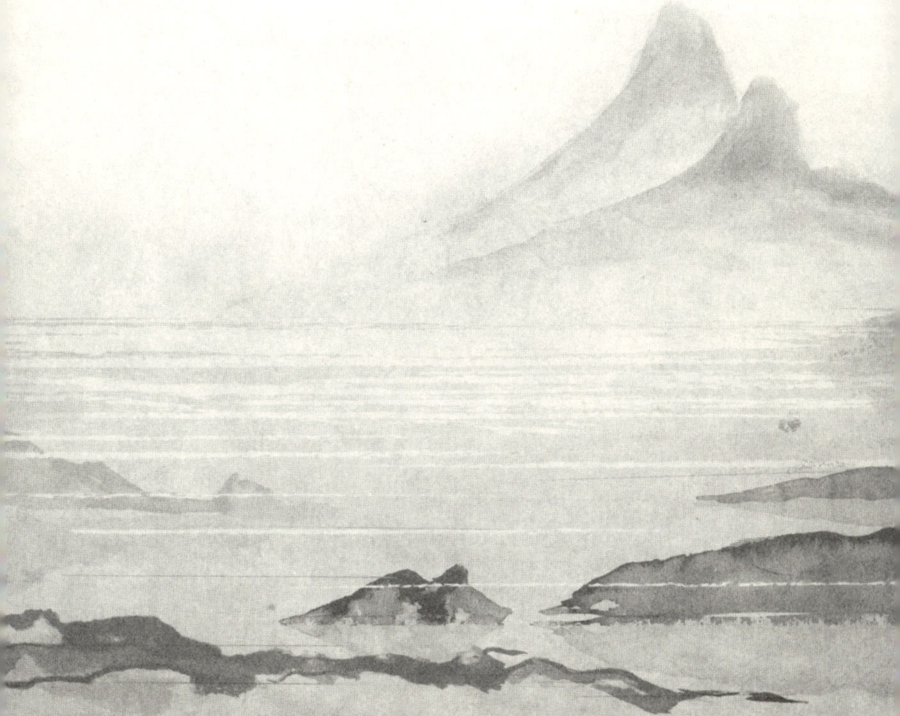

1
Der Schritt ins Ungewisse

*Auf der Welt gibt es nichts,
das sich nicht verändert,
nichts bleibt ewig so, wie es einst war.
(Dschuang Tse)*

Verstehe, dass Sicherheit nur eine trügerische Illusion ist

Vor einiger Zeit hatte ich ein Gespräch mit einer Freundin, die ich bereits seit ihrer Kindheit kenne. Das Thema war wie schon einige Male zuvor ihre berufliche Zukunft. Wäre es angebracht, so fragte sie mich im Laufe der Unterhaltung, die bisherige, durchaus erfolgreiche Berufslaufbahn weiterhin zu verfolgen? Oder hielte ich es für vielversprechender, etwas Neues, völlig anderes zu beginnen?

Nachdem wir eine Zeitlang die Vor- und Nachteile beider Varianten erörtert hatten, meinte sie mit einem bedauernden Seufzer: »Weißt du, irgendwie beneide ich ja die älteren Menschen, die jetzt im Ruhestand sind. Sie haben es doch viel einfacher gehabt. Ich meine, im Gegensatz zu uns konnten sie ihr ganzes Leben planen.« Diese Sicht auf die Dinge hat mich zum Nachdenken gebracht. Denn auch wenn sie in unserer vermeintlich besonders bewegten

Zeit durchaus verständlich erscheint, entspricht diese Ansicht keineswegs den Tatsachen. Zugegeben, in der Rückschau sieht das alles ganz phantastisch aus. Wer heute seine Pension genießt, der hatte mit großer Wahrscheinlichkeit ein recht lineares Leben. Nach der Lehre oder dem Studium traten viele Senioren in ein Unternehmen ein, dem sie dann bis zur Pensionierung treu blieben. Dennoch gibt es keinen wirklichen Grund, diese Menschen zu beneiden. Denn auch wenn wir heute wissen, dass sie so etwas wie Planungssicherheit gehabt hätten, war der tatsächliche Nutzen, den sie daraus hätten ziehen können, gleich null. Wie wir jetzt standen auch sie einmal vor der bangen Frage, was das Morgen bringen würde. Mittlerweile wissen wir, was es gebracht hat. Aber wer sagt uns, dass uns unser eigenes, scheinbar so unsicheres Leben in der Rückschau nicht einmal genauso planbar erscheinen wird, wie es uns jetzt die Leben der anderen tun?

Gleichzeitig aber offenbart diese Überlegung etwas, das uns alle verbindet und für uns Veränderung oft unmöglich macht:

> Menschen sind ständig
> auf der Suche nach Sicherheit.

Dieses Verhalten hat meiner Meinung nach seinen Ursprung in jener Zeit, als der Mensch sich vom umherziehenden Jäger und Sammler zum sesshaften Bauern wandelte. Bis dahin hatten unsere Vorfahren lange Zeit als Nomaden gleichsam gezwungenermaßen von einem Tag auf den anderen gelebt. Jeden Tag waren sie aufs Neue darauf angewiesen, zu finden, was ihnen das Überleben sicherte. Ein Zustand, in dem das Unvorhersehbare nicht die Ausnahme, sondern vielmehr die Regel war. Wie sehr er die Umherziehenden gelehrt hat, das Ungewisse als Selbstverständlichkeit anzunehmen, zeigen bis heute die überlieferten Verhaltensweisen der letzten noch nomadisch lebenden Völker.

> Wer heute nicht einmal weiß,
> wo er morgen sein wird,
> fragt nicht, was ihn dort erwartet.

Und wer wie unsere Ahnen stets im Augenblick leben muss, für den ist ständige Veränderung Alltag.

Irgendwann begannen aber auch die Jäger und Sammler der Frühzeit, sich nach mehr Berechenbarkeit im Leben zu sehnen. Sie wollten nicht länger auf jenes Essen angewiesen sein, das sie zufällig fanden. Vielmehr wollten sie selbst kontrollieren können, wann und wo sie welche Nahrungsmittel erwarten konnten. Also begannen sie, Ackerbau zu betreiben. Sie pflanzten, ernteten und legten Vorräte an für schlechtere Jahre. Im Laufe der Zeit schufen sich die einst Umherziehenden so eine feste Basis. Sie schlossen sich zu größeren Gemeinschaften zusammen, bauten Zäune und Mauern und taten alles in ihrer Macht Stehende, um eine möglichst dauerhafte Stabilität zu garantieren.

Doch so bequem diese neue Sesshaftigkeit auch war, sie blieb nicht ohne Folgen:

> Die Fähigkeit zur Veränderung mutierte von einer täglich gelebten Selbstverständlichkeit zu einer unerwünschten Ausnahme.

Nun ist der Wunsch, einen bewährten Ist-Zustand möglichst lange zu bewahren, durchaus legitim. Nur so ist es schließlich möglich, sich etwas Bleibendes zu schaffen. Wer richtet sich schon sein Haus ein, wenn er weiß, dass er dieses ohnehin in einem Jahr wieder verlassen wird? Auch in die eigene Weiterentwicklung zu investieren lohnt sich vermeintlich nur dort, wo sich möglichst wenig verändert. Zu groß erscheint andernfalls die Gefahr, die jede Veränderung mit sich bringt: Althergebrachtes wird plötzlich wertlos. Das kann den Verlust eines mühsam aufgebauten gesellschaftlichen Status bedeuten oder manchmal sogar über viele Jahre angeeignetes Wissen von einem Tag auf den anderen nutzlos machen. Besonders deutlich zu spüren bekamen dieses Phänomen die Juristen in den ehemals diktatorisch regierten Ländern Osteuropas. Als es dort im Jahr 1989 zu einem Umbruch kam, stellte dieser nicht nur das gesamte politische System auf den Kopf. Da viele Staaten auch die Gelegenheit nutzten, um Verfassung und Gesetze von Grund auf neu zu entwickeln, wurden viele altgediente Rechtswissenschaftler von einem Tag auf den anderen wieder zu Anfängern. Selbst wer kurz davor noch als gefürchteter Richter oder Staatsanwalt tätig gewesen war, musste nun wieder mit den jungen Studenten die Schulbank drücken und die neuen Gesetze lernen. Ein ganz ähnliches Phänomen brachte aber auch die überraschend schnelle Verlagerung des Handels vom Ladengeschäft ins Internet, die selbst manches renommierte Geschäft plötzlich im Wortsinn alt aussehen ließ.

Vielleicht sind es genau diese Ängste, die uns dazu bringen, die Möglichkeit einer Veränderung, wo immer möglich, auszublenden.

> Selbst dort, wo wir eigentlich wissen, dass sich etwas ändern wird, gehen wir meist recht selbstverständlich davon aus, dass alles so weitergeht wie bisher.

Dieses Verhalten hat seine Ursache in einer Unzulänglichkeit unseres Gehirns, die sich ein geschickter Angreifer übrigens durchaus zunutze machen kann. So gibt es in der Fotografie eine Technik, die beim Betrachter ein Gefühl von Unendlichkeit erzeugt. Möchte der Fotograf fünf allein stehende Bäume in eine endlos scheinende Allee verwandeln, so schneidet er einfach den ersten und den letzten Baum in der Mitte ab. Die restlichen Bäume ergänzt der Betrachter dann ganz von selbst. Das ist jetzt natürlich kein Angriff. Aber haben Sie sich schon einmal vorgestellt, dass am rechten Ende des sich auf einem Foto bis in die Unendlichkeit erstreckenden Sandstrands eine riesige Müllverbrennungsanlage steht? Ein Bild, so pflegte ich mit meinen Kollegen zu scherzen, lügt mehr als tausend Worte. Doch damit nicht genug. Denn unglücklicherweise zieht sich diese Fehlfunktion durch unser ganzes Denken.

Nehmen wir als Beispiel Michaelas Mutter. Eine attraktive blonde Frau in ihren Dreißigern, die mit einem erfolgreichen Anwalt verheiratet ist und drei aufgeweckte Töchter hat. Wenn die jüngste Tochter »April« heißt und die mittlere »Mai«, dann hört die Älteste wohl auf welchen Namen? Sollten Sie jetzt auf »Juni« getippt haben, sind Sie durchaus in guter Gesellschaft. Zwar heißt die große Tochter von Michaelas Mutter natürlich Michaela.

> Aber der Drang, spontan einem einmal erkannten Muster zu folgen, ist stärker als jede Überlegung.

Wo immer möglich, versucht unser Gehirn, uns auf diese Art die Welt zu vereinfachen. Dummerweise gaukelt es uns damit aber auch die trügerische Sicherheit vor, dass alles so weitergeht, wie es einmal begonnen hat.

Lassen Sie mich Ihnen ein Beispiel geben. Stellen Sie sich bitte vor, Sie sind mit dem Auto auf einer gut ausgebauten Landstraße unterwegs. Nach etwas über einer Stunde Fahrt sehen Sie auf einem Wegweiser, dass Sie Ihr Ziel auf zwei Wegen erreichen können. Einerseits können Sie weiterhin der Bundesstraße folgen, die Sie bis jetzt entlanggefahren sind. Oder Sie biegen auf eine kleinere Straße ab, was die Strecke um rund ein Drittel verkürzen würde. Ein kurzer Blick nach rechts verrät Ihnen aber, dass der Zustand der Alternativstrecke, zumindest soweit Sie es erkennen können, nicht optimal ist.

Nehmen Sie jetzt bitte Ihr Heft zur Hand und schreiben

Sie spontan hinein, für welche der beiden Optionen Sie sich entscheiden. Bleiben Sie weiterhin auf der Landstraße, die zwar länger ist, sich aber bis hierher gut bewährt hat? Oder biegen Sie auf die zwar kürzere, jedoch offensichtlich schlechtere Strecke ab? *Notieren Sie dann in Stichworten darunter,* warum Sie sich so entschieden haben und welche der beiden Möglichkeiten Sie für die schnellere halten.

Wenn Sie denken wie die meisten Menschen, bleiben Sie weiterhin der Bundesstraße treu. Diese hat zumindest dem Anschein nach zwei Vorteile: Zum einen ist sie die bequemere Lösung. Sie können einfach geradeaus weiterfahren und müssen nicht einmal Ihre Geschwindigkeit reduzieren, wie es ein Abbiegen nach rechts erfordern würde. Zusätzlich lief die Straße bis jetzt fast ausschließlich geradeaus und scheint auch vom Straßenzustand her die bessere Option zu sein. Wie gesagt: scheint.

Denn wer sagt Ihnen, dass die Qualität der Fahrbahn wirklich bis zum Ziel so bleibt, wie sie bisher gewesen ist? Warum schließen Sie so sicher aus, dass sich die bisher so wunderbare Strecke nach wenigen Kilometern in eine kurvige Schotterstraße verwandelt?

Ich selbst habe bei meinen Reisen immer wieder vor der oben beschriebenen Entscheidung gestanden. Nicht nur einmal habe ich mich hinterher darüber geärgert, die zwar längere, aber vermeintlich bessere Strecke gewählt zu haben, in dem naiven Glauben, alles müsse weitergehen wie bisher. Oft hatte sich die gewählte Route bereits nach wenigen Kilometern als noch schlechter herausgestellt als die verschmähte Alternative, und einmal endete eine vermeintliche Autobahn sogar in einem Feldweg.

Verstehen Sie mich bitte richtig. Natürlich kann es auch sein, dass die gute Straße gut weitergeht und die schlechte schlecht bleibt. Aber es muss nicht so sein.

> Denn was gestern noch die beste Option war, kann heute bereits die schlechteste sein.

Wie ist es bei Ihnen? Wann haben Sie das letzte Mal in dem Glauben, alles müsse weitergehen wie bisher, auf eine Veränderung verzichtet, nur um nachher festzustellen, dass dem doch nicht so war? *Schreiben Sie es bitte in Ihr Heft.* Was haben Sie daraus gelernt? *Schreiben Sie es dazu.*

Wie sehr der Glaube an Stabilität die Fähigkeit zur Veränderung lähmen kann, habe ich vor ein paar Jahren bei einer anderen Bekannten gesehen. Auch diese spielte konkret mit dem Gedanken, den Arbeitgeber zu wechseln. Obwohl sie mit ihrer aktuellen Stelle durchaus zufrieden war, hatte sie das Gefühl, auf der Stelle zu treten, und suchte nach einer Möglichkeit, sich weiterzuentwickeln. Also erzählte sie allen von ihrem Veränderungswunsch und bekam immer wieder durchaus attraktive Stellenangebote, über die sie mich jedes Mal freudig informierte. Allein, es kam zu keinem Wechsel.

Interessanterweise hatte das aber weder mit den potenziellen Arbeitsplätzen noch mit dem dort vorgesehenen Einsatzbereich oder gar mit einer schlechteren Bezahlung zu tun. Ganz im Gegenteil sprach alles sogar für die neuen Stellen. Das Hauptargument gegen die Veränderung war, so paradox das jetzt klingen mag, die alte Stelle. Natürlich versprachen auch die neuen Arbeitsstellen angenehme

Vorgesetzte, ein gutes soziales Klima, flexible Arbeitszeiten sowie eine faire Urlaubsregelung. Vorteile, von denen sich meine Bekannte im Gespräch mit den dortigen Mitarbeitern überzeugt hatte und die sie in keinster Weise anzweifelte. Sorgen machte ihr eine einzige Frage: Wer garantierte ihr, dass dieser Zustand in dem neuen Unternehmen auch für immer so bleiben würde? Was, wenn dort zwar die ersten zwei oder drei Jahre nach dem Wechsel alles perfekt oder vielleicht sogar besser wäre, die Situation sich aber dann änderte?

Ein interessanter Denkfehler, der erst mit etwas Abstand zu erkennen ist. Denn auch diese Überlegung setzt die Gewissheit voraus, dass beim aktuellen Dienstgeber alles in Ewigkeit so weitergeht, wie es bis jetzt gewesen ist. Mein Argument, auch ihr aktueller Chef könne irgendwann krank, versetzt oder beurlaubt werden, konnte nie den Glauben meiner Bekannten daran erschüttern, dass sich ausgerechnet an ihrem derzeitigen Arbeitsplatz niemals etwas ändern würde.

> Ich frage mich, wie oft wir wirklich gute Möglichkeiten dem trügerischen Gefühl vermeintlicher Sicherheit opfern.

Es kommt wohl so häufig vor, dass mittlerweile eine ganze Industrie von der Verbreitung dieser Illusion lebt. Das Leben, so redet man uns ein, bliebe unverändert, solange wir nur genügend Geld auf den Tisch legen. Vor allem die auf den Bereich Pensionsvorsorge spezialisierten Versicherungen machen mit der menschlichen Angst vor Veränderung ein riesiges Geschäft. »Nur wenn Sie uns jetzt Ihr Geld bringen, werden Sie auch im Ruhestand den gleichen Lebensstandard genießen können wie heute!« ist auf ganzseitigen Inseraten zu lesen. Mag ja sein, dass sie recht haben. Was aber, wenn nicht? Schließlich kann in den Jahren, die zwischen heute und dem Zeitpunkt der Auszahlung liegen, eine ganze Menge passieren. Das Versicherungsunternehmen könnte bankrottgehen, das Geld bis dahin wertlos oder gar abgeschafft sein oder der Staat den auszuzahlenden Betrag mit einhundert Prozent Steuern belasten. Das mag unwahrscheinlich sein, ist aber deswegen nicht unmöglich.

> Sicherheit ist einfach kein Konzept der Natur.

Diese ist ganz im Gegenteil ein selbstlernendes System, das ständig versucht, noch besser zu werden. Was wäre hier willkommener als die Notwendigkeit, sich unentwegt an eine sich verändernde Umwelt anzupassen?

> So bleibt zumindest Sicherheit auf dieser Welt ein ewiger Wunsch, dessen Erfüllung Ihnen niemand garantieren kann. Gleichgültig, was er verspricht.

Nehmen Sie zum Beispiel ein Tier. Verglichen mit uns Menschen handelt es sich bei Tieren um äußerst anspruchslose Wesen, die meist nichts weiter brauchen als einen Schlafplatz, Futter und Ruhe vor natürlichen Feinden.

Was könnten Sie ihm aber tatsächlich garantieren? Denken Sie bitte kurz darüber nach und *schreiben Sie das Ergebnis in Ihr Heft.*

Sollten Sie jetzt notiert haben, das Tier zumindest mit einem Zuhause und genügend Nahrung versorgen zu können: Wer sagt Ihnen, dass Sie morgen früh noch am Leben sind? Glauben Sie mir: Es gibt keine Sicherheit.

> Jeder Schritt, den Sie gehen, führt ins Ungewisse.

Wahrscheinlich nicken Sie gerade zustimmend. Zumindest in der Theorie ist dieser Sachverhalt den meisten von uns auch durchaus klar. Tatsächlich ist unsere Sehnsucht nach Sicherheit aber so stark, dass wir die Existenz des Unsicheren oft einfach verleugnen.

Lassen Sie mich das an einem Beispiel erläutern. Angenommen, in dem Land, in dem Sie leben, wird ein völlig unbescholtener Bürger nach über zwanzig Jahren aus der Haft entlassen. Die Beweismittel, so führt das Gericht aus, die damals zu seiner Verurteilung geführt haben, waren gefälscht, und der Betroffene hatte mit dem ihm zur Last gelegten Verbrechen nicht das Geringste zu tun. Nüchtern betrachtet, handelt es sich hierbei um ein Problem, das jeden von uns treffen könnte. Da aber nicht sein kann, was nicht sein darf, suchen wir umgehend nach einem Grund, der verständlich erscheinen lässt, warum es diesen Menschen fast zwangsläufig treffen musste und uns selbst folglich gar nicht treffen kann. Sei es eine Tätowierung am rechten Oberarm, der Dialekt einer bestimmten Region, ein schwarzer Fleck in seiner Biographie oder sonst etwas, das uns die ungerechtfertigte Festnahme in diesem Fall als verständlich und in unserem Fall als ausgeschlossen erscheinen lässt. Wichtig ist einzig, dass nicht ein Justizirrtum zu dieser staatlichen Freiheitsberaubung geführt hat, sondern ein uns einfach nicht bekanntes Vergehen. Irgendetwas, so reden wir uns ein, wird er schon getan haben. Und wenn es nur der Diebstahl eines Päckchens Zigaretten in seiner Jugend war.

Ähnliches gilt für den beliebten Badeort, an dem dieser entsetzliche Terroranschlag mit über zweihundert Toten passiert ist. Niemals würden wir dorthin fahren! Wie kann man auch nur so dumm sein! Obwohl wir bis vor dem Anschlag nicht einmal gewusst haben, wo dieser Ort sich befindet, ist uns heute völlig klar, dass jemand, der sich auf eine solche Reise einlässt, natürlich mit so etwas rechnen muss.

Erkennen Sie das Schema?

> Wir versuchen, die Illusion der Sicherheit um jeden Preis aufrechtzuerhalten.

Solange wir uns nur ordnungsgemäß verhalten, so reden wir uns ein, kann uns nichts passieren.

Auch wenn der Grund für diese Denkweise wie gesagt durchaus nachvollziehbar ist, bleibt sie dennoch gefährlich. Viel zu schnell führt sie nämlich zu einer »Mir kann ohnehin nichts passieren«-Mentalität, die uns ein Gefühl von Sicherheit gibt, wo dieses eigentlich unangebracht ist.

Dummerweise zieht sich diese falsche Annahme durch

weite Teile unseres Lebens. Selbst die meisten unserer Entscheidungen sind von der Idee geprägt, dass es so etwas wie Gewissheit geben kann.

Lassen Sie mich zeigen, was ich meine. Angenommen, Sie möchten in den Urlaub fliegen. Um den Zielort zu erreichen, stehen Ihnen zwei Fluglinien zur Auswahl, von denen Sie bisher nur Gutes gehört haben. Wenn der Preisunterschied zwischen den beiden Gesellschaften bei gleichem Service zwanzig Prozent beträgt, für welche Airline entscheiden Sie sich? *Schreiben Sie es bitte auf.*

Bevor Sie nun den Flug buchen, wollen Sie ganz sichergehen, keinen Fehler zu machen. Also recherchieren Sie noch auf einschlägigen Internetseiten. Hierbei stellen Sie mit Entsetzen fest, dass die mittlerweile als »Billig-Airline« bezeichnete Fluggesellschaft vor elf Monaten einen durch einen Pilotenfehler ausgelösten Absturz hatte, bei dem es über hundert Tote zu beklagen gab. Ändert diese Information etwas an Ihrer Entscheidung, mit welcher Fluglinie Sie in den Urlaub fliegen? *Notieren Sie bitte, was Sie jetzt tun und warum.*

Darf ich annehmen, dass Sie bereit sind, für das vermeintliche Mehr an Sicherheit, das Ihnen jene Fluglinie bietet, die noch keinen Unfall hatte, auch mehr zu bezahlen? Das ist ein durchaus verständliches Verhalten:

> Wir alle wollen möglichst nichts riskieren.

Lassen Sie uns aber einmal ein Jahr zurückgehen. Wieder einmal möchten Sie in den Urlaub fliegen, und wieder stehen Sie vor der Wahl zwischen zwei Airlines. Der einzige Unterschied ist, dass diesmal keine der beiden Gesellschaften Tote zu verantworten hat, da der entscheidende Unfall erst in der Zukunft passieren wird. Wie entscheiden Sie sich jetzt? *Bitte schreiben Sie Ihre Überlegungen auf.*

Leider tritt jedes auch noch so unwahrscheinliche Ereignis irgendwann zum ersten Mal ein. Dann erscheint uns auf einen Schlag alles anders.

Ich zitiere in diesem Zusammenhang gern Paul Chaim Eisenberg, den ehemaligen Oberrabbiner von Wien: »Was einmal wirklich war, bleibt immer möglich.« Dieser Satz bringt die ganze Problematik auf den Punkt. Wobei ich noch ergänzen möchte, dass auch möglich ist, was noch niemals wirklich war. *Schreiben Sie bitte beide Sätze zur Erinnerung in Ihr Heft.*

An dieser Stelle habe ich eine gute Nachricht für Sie. Denn so unbequem sie auch sein mag:

> Die allgegenwärtige Ungewissheit hat auch ihre nicht zu unterschätzenden Vorteile.

Haben wir nämlich einmal verstanden, dass es weder Sicherheit noch Gewissheit gibt, dann sind in der Folge alle unsere Entscheidungen gleichwertig. Machen Sie sich diesen Umstand unbedingt bewusst. Denn diese Erkenntnis befreit Ihre Entscheidungen.

Wo Sie bisher die Frage gestellt haben: »Wollen wir es wirklich verändern, oder ist es sicherer, es so zu lassen, wie es bisher war?«, können Sie von nun an einfach überlegen: »Was sollten wir am besten tun?«

In den vielen Gesprächen, die ich beruflich mit Menschen führe, merke ich oft: Hauptgegner jeder Veränderung sind alte Gewohnheiten. So werden gern durchaus als gut empfundene Ideen oder neue Abläufe, die eine echte Verbesserung brächten, zur Seite geschoben und die Dinge weiter so gemacht, wie man es »immer schon getan hat«, also gewohnt ist.

> »Gewohnheiten«, so sagt man in Shaolin, »sind zuerst Spinnweben, dann Drähte.«

Und so finden es viele offensichtlich einfacher, alte, oft unpraktische Wege weiter zu gehen, als eine veränderte Vorgehensweise zu probieren. Wie ist das eigentlich bei Ihnen? An was halten Sie wider besseres Wissen aus reiner Gewohnheit fest? *Notieren Sie Ihre Antwort bitte in Ihr Heft.*

Meiner Meinung nach sind es zwei Denkfehler, die zu dieser erstaunlich weitverbreiteten Einstellung führen.

Da wäre einerseits der bereits weiter oben besprochene Glaube, alles ginge ewig gleich weiter, solange wir nur nichts verändern. Verschärft wird dieser aber noch von der irrigen Hoffnung, dass nichts zu verändern in der Folge bedeute, auch nichts verantworten zu müssen. So denken viele: »Wenn etwas schiefgeht, kann ich sagen: Ich habe weder etwas berührt noch etwas verändert. Ich habe nur das gemacht, was ich immer schon getan habe.«

Wer schweigt, so wusste man aber schon im alten Rom, der stimmt zu.

> Auch wenn die Entscheidung,
> etwas nicht zu verändern,
> oft nicht bewusst getroffen wird,
> bleibt sie genauso eine Entscheidung
> wie jene zur Veränderung.

Mit allen Konsequenzen und der gleichen Verantwortung. *Notieren Sie bitte in Ihr Heft,* warum Ihrer Meinung nach so viele Menschen glauben, die Entscheidung, Dinge unverändert zu lassen, nicht verantworten zu müssen.

Da Sie jetzt wissen, dass etwas nicht automatisch in alle Ewigkeit gutgehen muss, nur weil es bisher gutgegangen ist, gewöhnen Sie sich am besten Folgendes an: Treffen Sie jede Entscheidung über die Frage, ob Sie eine Sache verändern oder sie belassen, wie sie ist, immer so, als wäre Ihnen keiner der bisherigen Wege bekannt. Entscheiden Sie neutral und ohne sich dabei auf Erfahrungen oder Annahmen zu verlassen.

> Beginnen Sie ganz bewusst,
> neue wie alte Handlungsweisen
> gleichwertig zu hinterfragen.

Eine interessante Umsetzung dieses Prinzips habe ich vor vielen Jahren in Amerika gesehen. Dort gibt es an vielen Straßenkreuzungen nicht wie bei uns zwei Stoppschilder, sondern insgesamt vier. Die Fahrzeuglenker werden also an allen vier möglichen Zufahrtswegen zum Stehenbleiben gezwungen. Wer in die Kreuzung einfährt, muss seinen Wagen, gleichgültig aus welcher Richtung er kommt, kurz anhalten. Erst nachdem er sich vergewissert hat, dass die Kreuzung tatsächlich frei ist, darf er die Fahrt fortsetzen. Da ausnahmslos jeder stehenbleiben muss, erfolgt auch die Weiterfahrt nicht nach der Regel »rechts vor links«, sondern nach einem simplen Prinzip: Wer zuerst angekommen ist, fährt auch zuerst weiter. Anfangs war ich etwas verwundert über den Sinn dieser Maßnahme. Bis mir irgendwann klarwurde, dass die Autofahrer durch dieses System selbst auf Vorrangstraßen dazu gezwungen werden sollen, sich ganz bewusst für die Weiterfahrt zu entscheiden und nicht mit dem Gedanken »Der andere wird schon stehenbleiben, wenn er ein Stoppschild hat!«, ohne zu schauen, über die Kreuzung zu rauschen.

Ein Verhalten, das im Shaolin-Kloster bereits seit über 1500 Jahren bekannt ist.

> »Achtsamkeit« nennt man in Shaolin die Idee jener absoluten Erwartungslosigkeit, die uns erst befähigt, auf jede Situation angemessen zu reagieren.

»Ein achtsamer Mensch«, hat mein Meister immer gesagt, »erwartet von seinem Gegenüber weder das Schlechteste noch das Beste. Er erwartet vielmehr gar nichts und nimmt den anderen in jedem Augenblick genau so, wie er gerade ist.« Damals habe ich verstanden:

> In jeder einzelnen Sekunde
> kann alles passieren.

Jeder Augenblick trägt Freude ebenso in sich wie Trauer, Erleichterung wie Erschwernis, das Leben wie den Tod. Die Frage ist nicht, ob uns das gefällt, sondern allein, ob unsere innere Haltung es ermöglicht, mit dieser Tatsache umzugehen. Nach dieser Einsicht haben auch Japans legendäre Krieger, die Samurai, gelebt. So schreibt Yamamoto Tsunetomo in seinem berühmten Handbuch, dem »Hagakure«: »Fürst Naoshige ging nachts gerne aus, machte es sich aber zur Gewohnheit, so lange zu plaudern, bis er nüchtern war, ehe er heimkehrte. Zum Schlafen bereit, zurrte er sein Leintuch fest. Er zog sein langes Alltagsschwert und inspizierte dessen eiskalte Klinge so genau, dass sie seine Brauen berührte, und steckte sie dann zurück in die Scheide. Dies versäumte er nicht eine Nacht.« Am Ende ist es allein unsere Erwartung, dass alles gefälligst so zu bleiben hat, wie es gerade ist, die uns den Umgang mit unerwarteten Veränderungen so schwierig macht.

> Nur wer akzeptiert, dass jederzeit etwas
> Unerwünschtes eintreten kann, bleibt auch dann
> handlungsfähig, wenn es tatsächlich passiert.

Besonders deutlich zu sehen ist das bei einem Thema, das wir meist lieber verdrängen, als uns darauf vorzubereiten: dem Tod. Ich meine damit nicht nur unseren eigenen, sondern auch den jener Menschen, die für uns das Leben bedeuten. Gerade hier blenden wir viel zu häufig aus, dass jedes Auseinandergehen das letzte sein kann und es eines Tages definitiv auch sein wird. Schließlich waren selbst die im Leben oft unbesiegbaren Mönche von Shaolin dieser größten Veränderung unterworfen, die uns alle erwartet, und jeder verabschiedet sich irgendwann zum allerletzten Mal.

> »Lebe jeden Tag so,
> dass er dein letzter sein könnte«,
> sagt man in China.

Das mag abgedroschen klingen, ist es aber nicht. Denn früher oder später wird es so sein.

Weiter oben habe ich geschrieben, dass die Menschen im Laufe jener Jahrtausende, die sie nun sesshaft sind, die Fähigkeit verloren haben, mit Veränderungen umzugehen. Anders gesagt haben wir verlernt, Veränderung als jene Selbstverständlichkeit zu betrachten, die sie eigentlich ist. Vielmehr wurde die früher allgegenwärtige Achtsamkeit von einem trügerischen Sicherheitsgefühl abgelöst, das uns oft zu einer gefährlichen, weil unangebrachten Trägheit verleitet. Geändert hat sich nämlich nicht die Welt, sondern allein unsere Einstellung zu ihr.

Auch der von dicken Mauern umgebene und von den besten Kämpfern der Welt bewachte Shaolin-Tempel muss auf die Mönche wie eine bequeme Komfortzone gewirkt haben. Aber nicht einmal er bot echten Schutz. Denn selbst das Wissen um die herausragenden kämpferischen Fähigkeiten der Mönche hielt viele Gegner nicht davon ab, das Kloster zu attackieren. Hätten sich dessen Bewohner nun auf der vermeintlichen Sicherheit ausgeruht, die ihnen die Mauern und ihre kampferprobten Mitbrüder boten, würde der Tempel wahrscheinlich schon lange nicht mehr existieren. Tatsächlich ist es allein der Bereitschaft der Mönche geschuldet, auch in scheinbar friedlichen Momenten einen Angriff zu erwarten, dass das Kloster über eineinhalb Jahrtausende Bestand hatte.

> Achtsamkeit bedeutet, Veränderungen zu akzeptieren, zu jedem Zeitpunkt mit ihnen zu rechnen und immer auf sie vorbereitet zu sein.

Welch tragische Folgen umgekehrt der Unwille haben kann, Dinge als veränderlich zu akzeptieren und sie selbst gegebenenfalls aktiv zu verändern, zeigt nicht zuletzt das traurige Beispiel einer brasilianischen Fluggesellschaft. Dort ist vor einiger Zeit ein Passagierflugzeug wahrscheinlich nur deshalb abgestürzt, weil es zu wenig Sprit an Bord hatte. Besonders erstaunt hat mich in diesem Fall, dass dem Piloten das Problem bereits vor dem Start bekannt war und er das Risiko eines Absturzes ganz bewusst in Kauf genommen hatte. Als ich einen Freund, der selbst als Kapitän im Cockpit sitzt, danach fragte, meinte er: »Bei manchen Fluglinien stehen die Piloten derart unter Druck, dass sie lieber ein solches Risiko eingehen, als ihren Job zu verlieren. Man hofft einfach jedes Mal, dass es wieder gutgeht.« Der Pilot des Unglücksflugs jedenfalls hat anstelle des Arbeitsplatzes sein Leben verloren.

Wir wissen nie, hat der Schriftsteller Elias Canetti einmal sinngemäß gesagt, was wird, wenn wir etwas verändern. Aber genauso wenig können wir wissen, was passiert, wenn wir alles belassen, wie es ist.

> Lernen Sie, mit dem Ungewissen zu leben und es für Ihre Zwecke zu nutzen.

Sicher ist nämlich nur, dass auch Sie der Veränderung nicht entkommen. Entweder betreiben Sie sie selbst, oder Sie lernen, mit ihr zu leben. Denn nichts bleibt ewig so, wie es einst war.

Um das Kapitel zu vertiefen, machen Sie die Übungen auf den folgenden Seiten

Übungen

Worin liegt der Wert von Erfahrung?

_____
_____
_____
_____
_____

Was wären die Vorteile, wenn sich in Ihrem Leben niemals etwas ändern könnte?

_____
_____
_____
_____
_____

Was wären die Nachteile?

_____
_____
_____
_____
_____

ÜBUNGEN

Kann das Anlegen der Sicherheitsgurte im Auto auch Nachteile haben? Warum ist es dann nicht besser, sich nicht anzugurten?

_____
_____
_____
_____
_____

Was könnte Ihnen niemals passieren? Warum?

_____
_____
_____
_____
_____

Was kann morgen falsch sein, das heute richtig ist?

_____
_____
_____
_____
_____
_____

Wer andere kennt,
ist weise.
Wer sich selbst kennt,
ist erleuchtet.

(Lao-Tse)

行必果

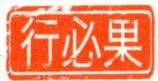

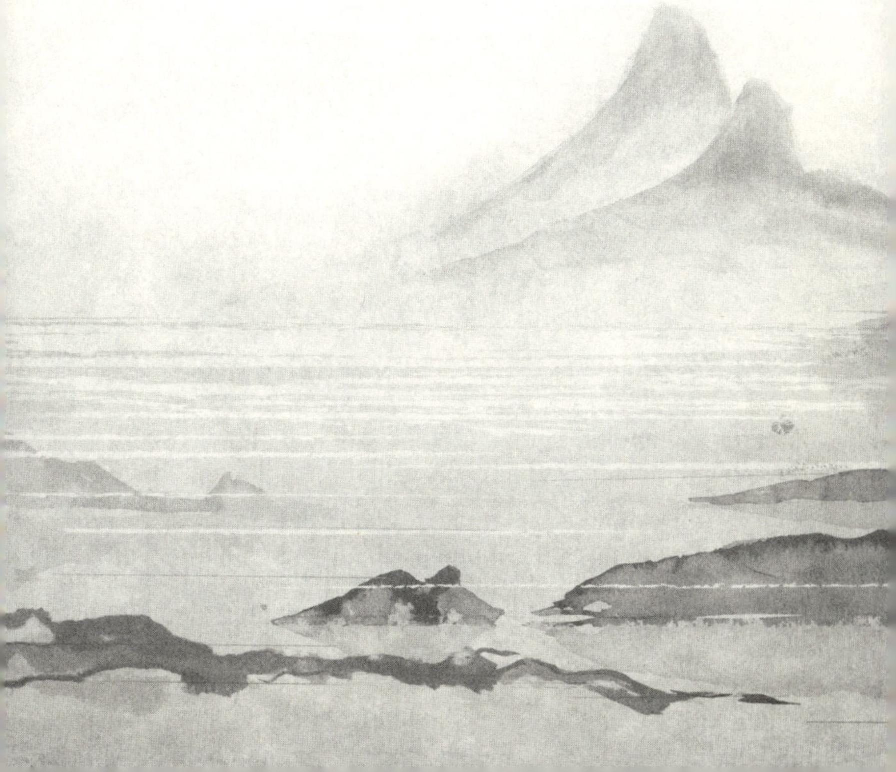

2

Der Schritt zur Selbsterkenntnis

Alles ist in uns selbst vorhanden.
(Meng-Tse)

Verstehe, dass Können oder Nicht-Können deine Entscheidung ist

Vor langer Zeit, so erzählt man sich in Shaolin, überlegten die Götter, wie sie am besten die Weisheit des Universums verbergen könnten. Die Menschen sollten diese erst dann finden, wenn sie auch reif wären, mit ihr umzugehen. Also machten sich die Götter auf die Suche nach einem geeigneten Ort, an dem sie die Weisheit verstecken konnten. Einer von ihnen schlug vor, die Weisheit auf dem höchsten Berg der Erde zu verbergen. Aber die anderen entgegneten, dass der Mensch bald alle Berge erklimmen würde und die Weisheit daher dort nicht sicher genug versteckt wäre. Da schlug ein anderer vor, die Weisheit an der tiefsten Stelle des Meeres zu verbergen. Doch auch dort sahen die anderen Götter die Gefahr, dass die Menschen sie zu früh finden könnten. Schließlich sagte der weiseste der Götter: »Lasst uns die Weisheit des Universums im Menschen selbst verstecken. Dort wird er mit Sicherheit erst dann nach ihr suchen, wenn er tatsächlich reif für sie ist. Um sie dort zu finden, muss er nämlich vorher den Weg in sein Inneres gehen.« Die anderen stimmten dem Vorschlag zu, und so versteckten die Götter die Weisheit des Universums in den Menschen selbst.

Dies war eine göttliche Entscheidung, die weitreichende Konsequenzen haben sollte.

> Denn die Weisheit des Universums ist nichts anderes als die persönliche Weisheit jeder einzelnen Person.

So warten seither alle Fähigkeiten, Möglichkeiten und Kräfte, die uns zur Verfügung stehen, tief in unserem Innersten darauf, dass wir sie entdecken, freilegen und nutzen.

Offensichtlich hatten die Götter einen guten Grund, als sie entschieden, unsere eigene Kraft vor uns zu verbergen. Denn auch wenn wir mit dem Wort »Kraft« vor allem etwas Gutes verbinden, war den Göttern damals wohl klar, dass es sich bei ihr durchaus um ein zweischneidiges Schwert handelt. Einerseits tragen wir nämlich zwar jene Kraft in uns, die es uns ermöglicht, Dinge zu verändern. Gleich nebenan aber wohnt in unserem Inneren auch eine Kraft, die alles daransetzt, uns von jeder Veränderung abzuhalten. Ob Sie die Kraft der Veränderung nutzen oder jene, die diese verhindert, bleibt allein Ihre Entscheidung.

Wo immer es nun darum geht, etwas in der Zukunft anders zu machen, treffen diese beiden Kräfte in unserem Inneren aufeinander. Sie können sich das vorstellen, als forderten sich zwei Zöglinge des Shaolin-Klosters zu einem Kampf heraus. Rein äußerlich besteht zwischen ihnen kein Unterschied. Beide haben jahrelang trainiert, beide verfügen über eine ausgezeichnete Kampferfahrung, und auch kampftechnisch sind sie auf dem gleichen Niveau. Wenn sie sich nun gegenüberstehen, welcher Mönch würde wohl das Kräftemessen gewinnen?

Notieren Sie bitte Ihre Antwort in Ihr Heft und schreiben Sie dazu, was Sie zu dieser Annahme bewegt.

Meiner Meinung nach ginge jener Kämpfer als Gewinner vom Platz, der mehr auf die Möglichkeit des Sieges fokussiert ist und sich daher seine eigene Kraft stärker ins Bewusstsein bringt.

> Schließlich nützt einem Krieger auch die größte Kampferfahrung nichts, wenn er sich selbst durch seine Einstellung lähmt.

Vor allem bei meinen Coaching-Gesprächen stelle ich immer wieder erstaunt fest, um wie vieles trainierter und kräftiger bei den meisten Menschen jener innere Mönch ist, der Veränderung verhindern möchte. Auch wenn die Betroffenen anfangs der festen Meinung sind, ihr Veränderungswunsch werde ausschließlich von der Umwelt blockiert, erkennen sie recht bald, dass es tatsächlich nur eine Person gibt, an der alles scheitert: sie selbst.

Wie können wir nun jenen Mönch zum Sieger machen, der die Veränderung möglich macht und vorantreibt? Lassen Sie es mich Ihnen zeigen.

Nehmen Sie dazu bitte Ihr Heft zur Hand und schreiben Sie fünf beliebige Dinge hinein, die Sie theoretisch jederzeit verändern könnten. Das können Gewohnheiten sein, die Atmung, die Ernährung oder was sonst Ihnen einfällt. Sobald Sie fertig sind, *unterstreichen Sie alles,* was Sie anders machen könnten, ohne dazu vorher im Kopf einen entsprechenden Entschluss gefasst zu haben.

Sie müssen hier nicht lange suchen, weil es nichts zu unterstreichen gibt.

Jede Veränderung beginnt in Ihrem Kopf.

Sie fängt genau dort an, wo Sie sich dazu entscheiden, ab sofort etwas anders zu machen. Um zu verstehen, warum Veränderung so oft nicht funktioniert, ist es nun wichtig, dass Sie sich mit den beiden Mönchen in Ihrem Inneren vertraut machen. Bringen Sie den Mönch mit der Kraft zur Veränderung und jenen, der Veränderung blockiert, vor Ihr geistiges Auge und betrachten Sie die beiden: Wer von den beiden ist der Stärkere? *Schreiben Sie es auf* und notieren Sie darunter, was ihn Ihrer Meinung nach so stark macht.

Wie oben beschrieben, hängt die Frage, ob man einen Kampf gewinnt oder verliert, vor allem davon ab, wie stark man an einen möglichen Sieg glaubt. Das gilt auch für Ihre inneren Mönche.

Teilen Sie bitte in Ihrem Heft eine leere Seite in zwei Spalten. Schreiben Sie über die linke Spalte »Blockierer« und über die rechte »Veränderer«. Rufen Sie sich jetzt eine Sache ins Gedächtnis, die Sie bereits seit längerer Zeit erfolglos zu verändern versuchen. Dann befragen Sie Ihre inneren Kämpfer, was diese zu dem Thema zu sagen haben. Halten diese die Veränderung überhaupt für möglich? Ist sie wirklich erwünscht? Verfügen Sie auch über die nötigen Fähigkeiten?

Notieren Sie die Antworten stichwortartig in die entsprechende Spalte. Lesen Sie sich dann in Ruhe noch einmal durch, was die beiden gesagt haben. Wer von ihnen hat die stärkeren Argumente? Wer argumentiert souveräner? Wer scheint der Überlegene zu sein?

Verstehen Sie, worauf ich hinausmöchte? Falls Sie die Veränderung zwar tatsächlich wollen, aber bisher noch nicht umsetzen konnten, ist der Blockierende Sieger geblieben. Was nebenbei gar nicht immer so falsch sein muss, wie es vielleicht klingt. Denn auch der Blockier-Mönch macht sozusagen nur seinen Job, indem er versucht, Sie vor irgendwelchen unüberlegten Verrücktheiten zu bewahren. Stellen Sie sich nur vor, es gäbe ihn nicht und Sie würden jede Veränderung, die Sie andenken, auch umgehend umsetzen!

> Richtig nützlich ist der Blockierer aber nur dann, wenn er im Veränderer einen zumindest ebenbürtigen Gegner hat.

Wo wir konkret etwas verändern möchten, sollte auch der Veränderer sicher sein, dass diese Veränderung gut und möglich ist. Nur so kommen die beiden, Blockierer und

Veränderer, in die Lage, emotionsfrei darüber zu diskutieren, was für Sie das Beste ist. Andernfalls steht von vornherein fest, wer von beiden gewinnen wird.

Zusammengefasst lässt sich Folgendes sagen: Wenn Sie nicht wirklich davon überzeugt sind, eine Veränderung auch durchführen zu können, lassen Sie die Finger von ihr und beschäftigen sich mit etwas anderem.

> Denn Zweifel, so sagt man in Shaolin,
> sind negative Energie.

Es handelt sich bei ihnen um eine Kraft, die nicht nur dem Veränderer fehlt, sondern die zusätzlich den Blockierer noch stärker macht. Ein Umstand, den ein geschickter Angreifer wunderbar ausnutzen kann.

Stellen Sie sich vor, Ihr Chef will eine lukrative Aufgabe, die Sie eigentlich durchaus gut erfüllen könnten, nicht an Sie, sondern an einen seiner Bekannten vergeben. Da er nicht möchte, dass seine Absicht allzu offensichtlich wird, versucht er, es so aussehen zu lassen, als hätten Sie die Entscheidung getroffen. Also tritt er mit ernster Miene an Sie heran und stellt Ihnen folgende Frage: »Ich nehme an, Sie sind nicht in der Lage, diese Aufgabe zeitnah zu erfüllen, oder?« *Notieren Sie bitte in Ihr Heft,* was dieser Satz in Ihnen auslöst, was Sie ganz spontan antworten und warum Sie das tun.

Stellen Sie sich jetzt bitte vor, Ihr Chef hätte die Aussage völlig ohne Hintergedanken gemacht und sie einfach unglücklich formuliert. Ändert das etwas daran, wie Sie zu der Herausforderung stehen? Sie sollten nie vergessen:

> Zweifel behalten ihre zerstörerische Energie auch dann, wenn sie von außen an uns herangetragen werden.

Versetzen Sie sich einmal in die Lage eines Schulkindes, das bei einer Klassenarbeit die zweitbeste Note erreicht hat. Voller Stolz kommt dieses Kind nun nach Hause, um den Eltern das Ergebnis zu präsentieren. Es versteckt das Heft hinter dem Rücken und fragt: »Na? Was glaubt ihr, was es geworden ist?« Wenn nun ein Elternteil sagt: »Also für die beste Note wird es bei deinem Lerneinsatz wohl nicht gereicht haben. Welche hast du denn bekommen?«, was wird das bei dem Kind wohl auslösen? Eine kleine Unachtsamkeit und die Freude wie die Motivation sind dahin.

Verstehen Sie mich jetzt bitte richtig: Das bedeutet keineswegs, dass Zweifel etwas grundsätzlich Schlechtes sind.

Vielmehr gibt es durchaus auch eine berechtigte und sinnvolle Skepsis. Häufig haben Zweifel aber ihre tatsächliche Ursache nicht in fehlenden Fähigkeiten, sondern einfach in mangelnder Selbsterkenntnis. Von daher lohnt es sich, immer den wahren Grund Ihrer Bedenken zu hinterfragen.

Oft ist man beispielsweise der Meinung, eine Sache keinesfalls anders machen zu können, als man sie bisher getan hat. Beruht diese Einschätzung der Situation nun aber nicht auf einer klaren Einsicht, sondern allein auf Ihrer Annahme, nicht in der Lage zu sein, sollten Sie sich die

Frage stellen: Wie komme ich auf diese Idee? Habe ich meine Fähigkeiten überhaupt jemals überprüft? Oder schiebe ich das mangelnde Können nur vor, um mir nicht eingestehen zu müssen, dass ich die Veränderung gar nicht will?

Das eigentlich Gefährliche an Zweifeln ist ihre unangenehme Eigenschaft, eine anfangs nur in der Einbildung vorhandene Unfähigkeit im Laufe der Zeit Wirklichkeit werden zu lassen. Sobald Sie am guten Ausgang einer Sache zu zweifeln beginnen, suchen Sie nur noch nach Indizien, die Sie in dieser Haltung bestätigen.

> Irgendwann wird aus dem anfänglichen Zweifel eine fixe Idee und schließlich Realität.

Lassen Sie mich das an einem Beispiel zeigen. Stellen Sie sich vor, Sie stehen im Schwimmbad auf dem Zehnmeterbrett. Schritt für Schritt tasten Sie sich nach vorne, erreichen die Kante und schauen zweifelnd in die Tiefe. Ob das wirklich eine gute Idee ist, da hinunterzuspringen? Vor Ihrem geistigen Auge entstehen Bilder von schrecklichen Unfällen. Je länger Sie zweifelnd in die Tiefe starren, desto mehr wächst Ihre Furcht. Wenn Sie zehn Minuten später zitternd vor Angst den Sprungturm verlassen, wie groß ist die Wahrscheinlichkeit, dass Sie sich jemals wieder hinauf trauen? Wäre es in diesem Fall nicht besser gewesen, einfach zu sagen: »Ich glaube, ich lasse das diesmal. Vielleicht klappt es ja ein anderes Mal!«, sich umzudrehen und wieder hinunterzuklettern? Verstehen Sie mich richtig: Ich empfehle Ihnen keineswegs, sich einem schlechten Gefühl zu widersetzen. Ich rate Ihnen aber dringend davon ab, sich mit Angst oder Zweifeln im Kopf mit dem Thema Veränderung zu beschäftigen. Zu groß ist die Gefahr, dass Sie in diesem Zustand beginnen, sich unschöne Dinge schönzureden oder diese als Vorwand zu nutzen, um nichts verändern zu müssen.

Schreiben Sie bitte drei Gelegenheiten in Ihr Heft, bei denen anfänglich leise Zweifel so stark gewachsen sind, dass Sie am Ende die Veränderung kategorisch abgelehnt haben.

Für mich war eines der beeindruckensten Beispiele in diesem Zusammenhang die sogenannte »Finanzkrise«. Obwohl die wenigsten tatsächlich von ihr persönlich betroffen waren, hat sie sehr vielen dazu gedient, nicht über die eigenen Fehler nachdenken und das eigene Verhalten nicht ändern zu müssen.

Irgendwie erinnert mich diese Einstellung immer an die Weltsicht jener Menschen, die vor einem Spielautomaten sitzen und bereits eine ganze Menge Geld verloren haben. Obwohl ihnen tief in ihrem Inneren klar sein muss, dass sie gegen das Gerät keinerlei Chance haben, füttern sie es so lange mit Münzen, bis keine mehr da sind. Jeder Cent, den der Automat ausspuckt, wird umgehend reinvestiert, in der sinnlosen Hoffnung, doch noch den großen Jackpot zu knacken. Alles andere würde ja bedeuten, vor sich selbst zugeben zu müssen, dass man bisher falsch gehandelt hat, weil der große Reichtum auf diese Weise eben nicht erreichbar ist.

> Wer sich aber seine Fehler nicht eingestehen kann, der wird auch an seinem Verhalten nichts ändern.

Unglücklicherweise führt die Unfähigkeit, Fehler im bisherigen Handeln zu erkennen, fast automatisch auch zur Unfähigkeit, von nun an anders zu handeln. Ein Fakt, über den sich nicht nur die Kasino- und Spielautomatenbesitzer dieser Welt freuen.

Sollten Sie also bemerken, dass Ihre Zweifel Ihnen eine wertungsfreie Auseinandersetzung mit einem Thema unmöglich machen, haben Sie im Grunde genommen zwei Möglichkeiten. Entweder Sie akzeptieren einfach, dass dies gerade nicht die richtige Zeit ist, um sich mit diesem Thema zu beschäftigen. Oder aber Sie gehen mit großer Ehrlichkeit der wahren Ursache für Ihre Zweifel auf den Grund. Denn das Beispiel mit dem Chef, der den Auftrag eigentlich anderweitig vergeben möchte, zeigt: Vorgeschobene Zweifel können die wirklichen Ursachen verdecken.

Sobald Sie bemerken, dass Sie bei einer selbstgewählten Veränderung beginnen, ständig nach Gründen zu suchen, warum sie wahrscheinlich nicht funktionieren wird, treten Sie einen Schritt zurück und stellen Sie sich die Frage: »Möchte ich die Veränderung wirklich? Ist sie tatsächlich mein innerster Wunsch? Oder tue ich es in Wirklichkeit nur, um einem anderen zu gefallen?« Beantworten Sie diese Frage unbedingt ehrlich.

> Viel zu oft wollen wir uns nur verändern, um eine bestätigende Reaktion von außen zu erhalten.

Ein gutes Beispiel dafür, wie man Menschen subtil zu Veränderungen zwingt, ist der in den letzten Jahren modern gewordene Begriff des »Hamsterrads«. Dieser Ausdruck, der häufig benutzt wird, um ein regelmäßiges, gesichertes Leben zu verunglimpfen, kann selbst jemanden unter Druck bringen, der mit seiner aktuellen Lebenssituation durchaus glücklich ist. Wer möchte schon in einem Hamsterrad laufen, während alle anderen scheinbar außerhalb des Käfigs jede nur erdenkliche Freiheit genießen? Das Perfide an diesem Bild ist, dass es vorgaukelt, es gäbe so etwas wie ein besseres und ein schlechteres Leben. Aber, mal ganz unter uns: Was tun denn jene, die vermeintlich aus diesem ach so geregelten Leben ausgebrochen sind? Sie stehen in der Früh auf, gehen abends schlafen, und wenn sie ihr Leben nicht als Bettler auf der Straße verbringen, dann nutzen sie die Zeit dazwischen, um Geld für ihren Lebensunterhalt zu verdienen.

Bedenken Sie in so einem Fall immer eines:

> Niemand zwingt Sie zu einer Veränderung.

Sie sind frei, Ihr Leben als buddhistischer Mönch, als Straßenmusiker oder eben auch in dem zu leben, was andere als Hamsterrad bezeichnen. Sie sind sogar frei, Ihr Leben zu träumen, ohne diese Träume jemals Wirklichkeit werden zu lassen. Solange Sie dabei glücklich sind, können Sie durchaus auch erkennen, dass zumindest im derzeitigen Moment in Ihrem Leben einfach alles gut läuft und es keinerlei Bedarf für Veränderung gibt.

> Schwächen Sie sich nicht selbst mit Zweifeln, sondern lernen Sie, sich auch einmal bewusst gegen eine Veränderung zu entscheiden.

Im nun folgenden Schritt ist es wichtig, dass Sie verstehen, was jenen inneren Kämpfer stärkt, der die Veränderung verhindern möchte, und was gleichzeitig den Veränderer schwächt. Nur wenn wir unsere eigenen Veränderungsblockaden erkennen und diese deutlich beim Namen nennen, haben wir die Chance, diese dauerhaft zu entfernen.

Schreiben Sie dazu bitte jene drei Dinge in Ihr Heft, die Sie am stärksten davon abhalten, als nötig und richtig erkannte Veränderungen auch tatsächlich anzugehen.

Wenn Sie denken wie die meisten Menschen, befindet sich auf dieser Liste auch das mächtige Thema »Glaubenssätze«. Schließlich handelt es sich bei Glaubenssätzen um destruktive Annahmen, die vor langer Zeit von irgendjemandem in unseren Kopf gesetzt wurden.

Beispiele gibt es genug. Ob sie nun »Du kannst das nicht«, »Daran sind schon klügere Menschen gescheitert« oder »Eigenlob stinkt« heißen, sie haben eines gemeinsam: Seit sie es sich in unserem Kopf bequem gemacht haben, bestimmen sie unser Denken, unsere Entscheidungen und unser Handeln. Und zwar, ohne dass wir jemals die Berechtigung ihres Daseins überprüft haben. Ihre wirkliche Kraft schöpfen diese Sätze aber aus sich selbst. Schließlich haftet ihnen der Mythos an, zwar störend, gleichzeitig aber unauslöschlich in unserem Gehirn verankert zu sein. Und so lautet der mächtigste Glaubenssatz, dass Glaubenssätze nicht veränderbar sind. Ansichten, die bereits in frühem Alter geprägt wurden, begleiten uns in den Augen vieler fast zwangsläufig durch unser restliches Leben.

> Doch im Gegensatz zur weitverbreiteten Meinung, Glaubenssätze seien unauslöschlich, ist es durchaus auch im Erwachsenenalter noch möglich, sie umzustoßen.

Nehmen Sie bitte Ihr Heft zur Hand und schreiben Sie auf eine neue Seite untereinander sieben Einsichten, von deren Richtigkeit Sie als Kind unbedingt überzeugt waren und von denen Sie heute wissen, dass sie falsch sind.

Darf ich Sie nun etwas fragen? Wie kann das denn sein? Warum ist es Ihnen offensichtlich mit Leichtigkeit gelungen, diese vermeintlichen Fakten als falsch zu erkennen, obwohl sie Ihnen zur gleichen Zeit ins Bewusstsein gekommen sind wie diese angeblich unausradierbaren Glaubenssätze? Lassen Sie es mich anders formulieren: Wenn Sie auch nur eine einzige Sache umprogrammieren konnten, die Ihnen in Ihrer Kindheit eingebleut wurde, dann können Sie das mit allem anderen genauso.

Möglicherweise entgegnen Sie jetzt, dass dieses Umdenken einfach in manchen Bereichen schwerer fällt als in anderen. So scheinen wir uns leichter damit abzufinden, dass die Weihnachtsgeschenke nicht vom Christkind, sondern von unseren Eltern gebracht werden, als dass wir die fixe Idee aus unserem Kopf entfernen könnten, dass wir eigentlich zu gar keiner Veränderung fähig sind. Das wirklich Teuflische an derartigen Glaubenssätzen ist für mich, dass sie zu einer Zeit in unser Denken gebracht wurden, in der wir noch völlig wehrlos waren. Die berühmte Pädagogin Maria Montessori spricht in diesem Zusammenhang vom »absorbierenden Geist«. Sie meint damit, dass kleine Kinder mangels Vergleichsmöglichkeiten zuerst einmal alles aufnehmen und für richtig halten, was man ihnen sagt. Darauf aufbauend, bildet jeder Mensch seine innere Struktur. Ein Verhalten, dessen Auswirkungen uns bis ins Erwachsenenalter begleiten.

Unterstützt wird diese kindliche Wehrlosigkeit noch durch eine interessante Fehlleistung unseres Gehirns:

> Wir vergessen die Quelle einer Information schneller als die Information selbst.

So wissen Sie zwar mit Sicherheit, dass die Christen zu Ostern die Auferstehung Jesu feiern. Aber ist Ihnen auch noch bekannt, von wem Sie diese Information ursprünglich erhalten haben? Eine Fehlleistung, die durchaus weitreichende Folgen haben kann. Lesen Sie zum Beispiel in einem parteipolitischen Hetzblatt eine Reportage über ein Land, über das Ihnen nur sehr wenig bekannt ist, wird dieser Bericht Ihr Bild dieser Gegend mehr prägen, als Ihnen bewusst ist. Anfangs werden Sie zwar noch daran denken, dass Sie die Information einem Schmierblatt entnommen haben. Doch bald wird dieses Wissen verblassen, und übrig bleibt die Einsicht, dass es an besagtem Ort einfach schrecklich sein muss. Die Möglichkeit, Ihre Einstellung zu ändern, bekommen Sie erst, wenn Sie den Mut finden, das Land zu bereisen und sich ein eigenes Bild zu machen. Aber selbst dann ist nicht gesagt, dass Sie Ihre Meinung ändern, auch wenn diese sich vor Ort als offensichtlich falsch herausstellt. Je nachdem, wie stark Ihre Sicht auf die Dinge bereits einzementiert ist und wie offen Sie für Neues sind, werden Sie Ihre bisherigen Ansichten revidieren – oder aber, und das ist nach meiner persönlichen Erfahrung das Wahrscheinlichere, mit aller Kraft Indizien suchen, die Ihre vorgefasste Meinung dennoch bestätigen und vertiefen. Auf diese Weise funktioniert Propaganda – und genauso entsteht auch eine völlig falsche Sicht auf einen selbst.

Tatsächlich erfahre ich oft aus Rückmeldungen nach Vorträgen und Coachings, dass sehr viele von uns Kritik abgespeichert haben. So ist aus einem einmaligen und bösen Angriff ein mächtiger Satz geworden, der Ihr Selbstbild beeinflusst. Denn sobald Sie die Quelle der Information vergessen haben, bleibt Ihnen nur noch das vermeintliche Wissen, selbst für die kleinsten Kleinigkeiten zu dumm zu sein.

In Shaolin sagt man: »Wer auf die Jagd nach einem Tiger geht, muss damit rechnen, einen Tiger zu finden.« Wer also einen Weg einschlagen möchte, der wegführt von festgefügten Glaubenssätzen hin zu einer neuen Sicht auf sich selbst, der sollte die Bereitschaft mitbringen, sich wertungsfrei zu sehen und zu erkennen. Auch wenn es mühsam scheint:

> Eine Umprogrammierung selbst seit Jahren eingebrannter Denkmuster ist zu jeder Zeit möglich.

Wir müssen uns nur bewusst dazu entscheiden. Warum nämlich sollte etwas, das einmal funktioniert hat, nicht heute wieder funktionieren?

Wie stark fixe Annahmen unser Denken und Handeln blockieren können, ist mir einmal bei einem Gespräch mit einer Kollegin bewusst geworden. Als es darum ging, dass das, was wir in unserem Leben erreichen können, allein durch unser Denken begrenzt ist, entgegnete sie mit bemerkenswerter Klarheit: »Das stimmt so nicht. Ich kann beispielsweise als österreichische Staatsbürgerin niemals Präsidentin von Amerika werden. Da gibt es ein Gesetz, welches das verhindert.« Ich erinnere mich noch gut, dass ich sie mit gewissem Erstaunen angesehen und gefragt habe: »Und du meinst wirklich, dass niemand auf dieser Welt dieses Gesetz nötigenfalls verändern könnte?« In diesem Moment habe ich jedenfalls eines verstanden: Alles ist in uns vorhanden. Unsere Zweifel ebenso wie die Fähigkeit, uns selbst mit unserem wahren Potenzial zu erkennen.

Um das Kapitel zu vertiefen, machen Sie die Übungen auf den folgenden Seiten

Übungen

Was können Sie in diesem Leben sicher nicht mehr erreichen?

_____

_____

_____

Kann unser Glaube tatsächlich Berge versetzen? Warum?

_____

_____

_____

Weshalb klammern sich viele Menschen an ihre Glaubenssätze?

_____

_____

_____

Warum belügen wir uns so oft selbst?

_____

_____

_____

ÜBUNGEN

Woher wissen Sie, ob Sie zu einer Veränderung in der Lage sind?

Wann haben Sie diese Annahme das letzte Mal überprüft?

Was ist das Gegenteil von Zweifel?

Glücklich oder unglücklich
sind wir nicht durch
  unsere Lebenslage,
 sondern durch unsere
  Einstellung zum Leben.

(Aus Indien)

3

Der Schritt zur Selbstachtung

Ich achte Buddha und die Götter,
aber ich mache mich nicht von ihnen abhängig.
(Miyamoto Musashi)

Verstehe, dass nur, wer sich selbst achtet, äußere Einflüsse erkennen und abwehren kann

Im vorigen Kapitel haben Sie gesehen, warum die Fähigkeit zur Veränderung genauso aus Ihrem Inneren kommt wie all das, was Sie blockiert. Möglicherweise haben Sie während des Lesens genickt und mir innerlich recht gegeben. Möglicherweise haben Sie aber auch mit den Fingern auf das Buch getrommelt und gedacht, dass diese Ausführungen zwar durchaus überzeugend klingen, trotzdem aber nicht mit Ihren praktischen Erfahrungen übereinstimmen.

> Denn viel zu häufig haben wir das Gefühl, dass unsere Entscheidungen von außen beeinflusst werden.

Vermeintlich ungünstige Umstände oder Menschen, die versuchen, auf unsere Kosten ihre eigenen Interessen durchzusetzen, sind da nur zwei von vielen Möglichkeiten.

Gleichzeitig ist es jedoch eine Tatsache, dass wir uns oft durchaus bereitwillig in unseren Entscheidungen beeinflussen lassen – aus Angst, aus Unwissenheit oder aus dem falschen Glauben, wir könnten damit die Verantwortung für diese abwälzen. So verlockend dieser Gedanke aber auch scheinen mag, er hat in Wirklichkeit einen gewaltigen Haken: Wie viele Menschen kennen Sie, die Ihnen zu einer für Sie vorteilhaften Entscheidung raten würden, wenn sie selbst durch diese einen Nachteil hätten?

Überlegen Sie nur einmal, wie Sie persönlich handeln. Ein Beispiel: Ein Dienstleister, bei dem Sie regelmäßig Kunde sind, verkauft seine Leistung sehr preiswert, und eigentlich sind Sie der Meinung, dass er zu günstige Preise verlangt. Sie fragen sich, wie sich das für ihn wohl rechnen kann? Gleichzeitig wären von einer Preiserhöhung aber auch Sie selbst spürbar betroffen. Wenn der Betreffende Sie nun fragte, ob er die Preise anheben oder lieber gleich lassen solle, was raten Sie ihm?

Schreiben Sie die Antwort bitte in Ihr Heft. Falls Sie dem Dienstleister jetzt empfohlen hätten, die Preise unverändert zu lassen, erinnern Sie sich bitte von nun an daran, wenn es darum geht, einen fremden Ratschlag zu bewerten. Wie uneigennützig mag Ihr Ratgeber geurteilt haben?

Manchmal führt die ständige Suche nach eigenen Vorteilen sogar dazu, dass Veränderungen, die ein anderer plant, tatsächlich unerwünscht sind. Das bilden wir uns nicht ein, denn jede Veränderung betrifft auch unsere Mitmenschen – und manche erkennen darin durchaus eine Gefahr für liebgewonnene Gewohnheiten. Um das zu verstehen, hilft es, zu überlegen:

> Wer hat einen Nutzen, wenn die Dinge genauso weitergehen wie bisher?

Ich habe mich beispielsweise oft gefragt, in wessen Interesse es sein könnte, das Lohn- und Sozialniveau in den asiatischen Ländern so niedrig zu halten, wie es ist. Bis ich mir einmal vor Augen geführt habe, welche Auswirkungen es auf uns Europäer hätte, leisteten sich beispielsweise Reis anbauende Nationen wie Indonesien oder China ein ähnliches Gehalts- und Abgabenniveau wie wir in unseren westlichen Ländern.

Macht man sich einmal bewusst, dass die Lohnkosten im Südosten Asiens immer noch etwa ein Dreißigstel von dem betragen, was man im Westen Europas für eine Arbeitskraft aufwenden müsste, wird klar, dass der westliche Wohlstand ausschließlich auf Kosten anderer finanziert wird und werden kann. Denn die sozialen Auswirkungen, die es hätte, wenn das Kilo Reis plötzlich dreißigmal so teuer wäre, vermag ich kaum abzuschätzen. Ich finde es immer wieder beeindruckend, zu sehen, wie sehr uns oft unbewusst daran gelegen ist, Dinge unverändert zu lassen. Auch wenn persönliche Veränderungen meist nicht gleich globale Auswirkungen haben, kann es auch für unser Umfeld durchaus weitreichende Folgen haben, wenn wir von nun an etwas anders machen.

Wollen Sie ein erfolgreicher Veränderer werden, dann müssen Sie aus diesem Beeinflussungsspiel aussteigen und allein Ihre eigene Meinung zum Maßstab machen.

> Denn wer bei Entscheidungen immer auf andere schaut, bezahlt dafür am Ende einen hohen Preis.

Diese Einsicht hat der chinesische Gelehrte Tranxu bereits vor Jahrhunderten auf den Punkt gebracht: »Wenn der Bogenschütze schießt, ohne einen besonderen Preis gewinnen zu wollen, kann er seine ganze Kunst entfalten; schießt er, um eine Bronzemedaille zu erringen, fängt er an, unruhig zu werden; schießt er um den ersten Preis, wird er blind, sieht zwei Ziele und verliert die Beherrschung. Sein Können ist dasselbe, aber der Preis spaltet ihn. Er ist ihm wichtig! Er denkt mehr ans Gewinnen als ans Schießen, und der Zwang zu gewinnen schwächt ihn.«

Nun fragen Sie sich bestimmt, was der Schütze tun kann, um auch dann zu treffen, wenn es um etwas geht? Wie kann er seine Gedanken lenken, damit er beim Schießen stark ist und gewinnen kann?

In Shaolin weiß man seit langem, dass wir Menschen zu diesem Zweck über ein sehr mächtiges Werkzeug verfügen: das Bewusstsein.

> Unser Bewusstsein ermöglicht uns, unser Denken gleichsam von außen zu betrachten, es zu überprüfen und ganz gezielt in jede gewünschte Richtung zu lenken.

Ohne diese Fähigkeit könnten wir beispielsweise in einer heiklen Situation nicht feststellen, dass diese »Das schaffe ich nicht«-Gedanken die Sache nur noch schlimmer machen, und dieses Denken dann auch beenden. Doch obwohl es sich um eine der stärksten Kräfte handelt, die uns Menschen innewohnen, wird dieses Veränderungswerkzeug meiner Erfahrung nach erstaunlich wenig genutzt. Auch wenn uns unser Bewusstsein eigentlich erlauben würde, anders zu handeln, als uns Erfahrungen und Glaubenssätze vorgeben, bleiben viele ein Leben lang von genau diesen getrieben.

Setzen wir aber unser Bewusstsein gezielt dazu ein, unsere Denkweise zu reflektieren, können wir aus dem Gefängnis unserer festgefahrenen Einstellungen und Vorurteile ausbrechen.

> Jede Veränderung in unserem Leben beginnt schließlich damit, dass wir uns klarmachen: Niemand außer uns selbst kann unser Handeln entscheiden.

Unser Bewusstsein kann aber noch viel mehr: So gibt es uns die Möglichkeit, uns völlig unbeeinflusst von fremden Urteilen aus der Distanz zu betrachten. Es lässt auch Sie sehen, wie gut Sie in vielen Dingen wirklich sind, und ermöglicht Ihnen, sich ohne ständige Bestätigung von außen schätzen, lieben und achten zu lernen.

Lassen Sie mich Ihnen mit einer kleinen Übung zeigen, wie das funktionieren kann. *Beginnen Sie bitte in Ihrem Heft eine neue Seite.* Schreiben Sie ganz oben »Meine Begegnung mit …« und daneben Ihren Namen.

Stellen Sie sich jetzt vor, Sie wären sich gestern Abend zum ersten Mal selbst begegnet. Beeindruckt von dem Menschen, den Sie da kennengelernt haben, berichten Sie nun bitte in Stichworten darüber, was Sie an Ihrem Gegenüber besonders begeistert hat. Nehmen Sie sich Zeit und gewöhnen Sie sich an, diese Übung regelmäßig zu wiederholen.

> Selbstachtung bedeutet aber gleichzeitig die Bereitschaft, bedingungslos auf die eigene Urteilskraft zu vertrauen.

Etwas, das vielen schwerfällt. Wohl noch aus der Kindheit sind wir so sehr darauf programmiert, der Meinung anderer Menschen immer mehr Bedeutung beizumessen als unserer eigenen, dass uns diese Sichtweise oft schon zu einer fatalen, weil selbstverständlichen Gewohnheit geworden ist.

> Wer aber seine Urteilsfähigkeit kennen- und achten gelernt hat, der ist viel weniger leicht beeinflussbar.

Wie schon weiter oben angedeutet, sind auch in unserem Kulturraum Veränderungen oder auch nur der Wunsch nach Veränderung oft unerwünscht. Nehmen Sie als Beispiel die immer weiter ausufernde Überwachung. Zwar soll diese angeblich unserer Sicherheit dienen, doch meiner Ansicht nach besteht ihr eigentlicher Zweck darin, Menschen davon abzuhalten, über die Notwendigkeit von Veränderung zu sprechen. Wer weiß, dass er beobachtet wird, hält sich mit einer möglicherweise unerwünschten Meinung viel eher zurück als jemand, der sich unbeobachtet wähnt. Eine gleichgeschaltete Gesellschaft bezeichnet Abweichler umgehend als Spinner, Geisteskranke oder – neuerdings auch gerne – als Verschwörungstheoretiker. So wird jede Veränderung bereits im Keim erstickt. Besonders fällt mir das immer wieder in Internetforen von Tageszeitungen auf, in denen Menschen die Möglichkeit haben, aktuelle politische Entwicklungen zu kommentieren. Beschwert sich dort jemand über untragbare Zustände, reagiert die große Masse der Mit-Kommentatoren in den seltensten Fällen mit Lob. Es heißt dann nicht: »Gut, dass du das endlich mal ansprichst. Lass uns dafür sorgen, dass es anders wird!« Immer häufiger lese ich vielmehr: »Wenn es dir hier nicht passt, dann verschwinde doch in den Irak oder nach Nordkorea!« Fordere ich die Verfasser solcher Kommentare dann auf, zu erklären, welche konkrete Veränderung diese Übersiedlung denn mit sich brächte, ist die Reaktion immer die gleiche: eisiges Schweigen. Doch selbst wenn es oft den umgekehrten Eindruck macht: Nicht diejenigen sind für unsere Gesellschaft ein Problem, die den Status quo hinterfragen, sondern allein jene, die jede Veränderung unbegründet abschmettern, weil sie sich entweder an den Ist-Zustand gewöhnt haben – oder sogar von ihm profitieren.

Ich erinnere mich noch gut an die Zeit vor bald 25 Jahren, in der ich meinen Wehrdienst abgeleistet habe. Man kann als Soldat durchaus ruhige Tage haben, wenn man sich daran gewöhnt, dass einem der Zeitpunkt für die Nahrungsaufnahme genauso vorgeschrieben wird wie jener für das Verrichten der Notdurft. Ein Leben, das mich irgendwann so lethargisch gemacht hat, dass ich auch die unsinnigsten Anordnungen einfach befolgt habe. Bis mir einmal ein unverzeihlicher Fehler unterlief: Statt einen mir völlig sinnfrei erscheinenden Befehl unseres Kompaniekommandanten einfach kommentarlos und ohne Widerrede auszuführen, nahm ich das verbotenste aller verbotenen Worte in den Mund und erdreistete mich zu fragen: »Warum? Warum soll ich das jetzt tun?« Mir war die gesamte Tragweite meiner Handlung noch gar nicht richtig bewusst geworden, als sich bereits unser Gruppenkommandant in nie gekanntem Zorn vor mir aufgebaut hatte und mir ins Gesicht brüllte: »Wenn Ihnen der Hauptmann befiehlt, mitten ins Zimmer zu scheißen, dann haben Sie das ohne Nachfrage zu tun!« Sosehr ich diesen Ausbilder auch für seine körperliche Fitness und sein strategisches Wissen geschätzt habe, war die Lektion, die er mir damals erteilt hat, eine noch wichtigere:

> Sobald wir unseren Selbstwert davon abhängig machen, ob wir anderen Menschen gefallen, verlieren wir umgehend die Fähigkeit, zu unserer eigenen Meinung zu stehen.

Selbstachtung und das mit ihr verbundene Selbstvertrauen sind die wichtigsten Voraussetzungen für gelungene Veränderung. Doch besagter Unteroffizier würde wohl bis heute auf Befehl seinen Stuhlgang mitten in einen Raum verrichten, solange er nur das Gefühl hätte, einem Vorgesetzten damit zu gefallen.

Andererseits kann mangelnde Selbstachtung aber auch dazu führen, dass wir ohne jede Not Veränderungen blockieren, die eigentlich zu unserem Vorteil wären. Lassen Sie mich auch das an einem Beispiel illustrieren.

In meinen Redner-Seminaren stelle ich den Teilnehmern nach einer Reihe praktischer Übungen gerne die folgende Frage: »Stellen Sie sich bitte vor, die letzten zwei Stunden wäre dieses Seminar von einem meiner Kunden beobachtet worden. Er möchte für den folgenden Samstag einen Vortragenden buchen, der bei einem Damenkränzchen etwa eine Stunde zu einem frei wählbaren Thema spricht. Es geht in erster Linie darum, dass die älteren Herrschaften etwas Unterhaltung haben. Da der Kunde von allen Teilnehmern dieses Seminars beeindruckt ist, käme jeder von Ihnen in Frage. Wer könnte diesen Auftrag übernehmen?« Üblicherweise heben alle Teilnehmer die Hand. Doch dann ergänze ich: »Es gibt noch eine überaus erfreuliche Nachricht. Nachdem es sich bei den Zuhörern um die Gattinnen von schwerreichen Industriellen handelt, würde Ihre Leistung entsprechend honoriert. Für diese eine Stunde Vortrag wäre der Kunde bereit, ein durchschnittliches Jahresgehalt eines Managers zu bezahlen. Wer ist weiterhin dabei?«

Ich habe die Erfahrung gemacht, dass bei dieser Nachfrage meist alle Hände unten bleiben. Oft höre ich die Teilnehmer untereinander flüstern: »Ein ganzes Jahresgehalt für einen Vortrag? Ich glaube, da muss ich noch üben.«

Wie wäre es denn mit Ihnen? Würden Sie den Vortrag vor den Damen halten, wenn man Sie dafür mit Kaffee und Kuchen entlohnte? Und wie sähe es bei der angesprochenen hohen finanziellen Abgeltung aus?

Schreiben Sie die Antwort bitte in Ihr Heft. Notieren Sie dann darunter, was Ihnen durch den Kopf ginge, wenn Sie das Honorar erst erführen, nachdem Sie den Vortrag bereits gehalten haben.

Möglicherweise erscheint Ihnen die Bezahlung nach wie vor im Verhältnis zur geforderten Leistung zu großzügig. *Vermerken Sie bitte in diesem Fall,* wie viele Monatsgehälter Sie für angemessen hielten – und warum Sie sich selbst schlechter einschätzen, als der Kunde es tut. Sollten Sie das Honorar aber für passend halten, würden Sie die betreffende Summe beim nächsten Mal tatsächlich selbst fordern?

Die wirkliche Bedeutung wahrer Selbstachtung zeigt sich am besten am Beispiel der Mönche von Shaolin. Was eigentlich macht diese so besonders? Äußerlich betrachtet, reichlich wenig. Statt aufwendig gestalteter Frisuren haben sie kurzgeschorene Haare, anstelle von Markenklamotten tragen alle das gleiche orange Gewand. Dem Anschein nach deutet nichts darauf hin, wie erfolgreich diese Menschen nach unseren Maßstäben sind. Schließlich hat man ihnen in den vergangenen 1500 Jahren oft mehr Achtung entgegengebracht als so manchem König. Doch ihr wahres Geheimnis ist von außen nicht zu erkennen, da es tief in ihrem Inneren verborgen liegt:

> Das Geheimnis der Shaolin-Mönche ist bedingungslose Selbstachtung und damit verbunden das Wissen, auf jede Situation, auf jeden Gegner und auf jede Veränderung angemessen reagieren zu können.

Gerade am Anfang werden Sie feststellen, dass es durchaus ungewohnt sein kann, gut über sich selbst zu denken. Das ist eine Herausforderung, vor der Sie nicht alleine stehen.

> Viele Menschen haben schon Angst, sich zu überschätzen, wenn sie gerade einmal beginnen, sich mit achtsamem Blick zu betrachten.

Zu groß sind das Erstaunen und der Unglaube über die in ihnen schlummernden Fähigkeiten. So verbieten wir uns oft selbst die Erkenntnis, wie gut wir wirklich sind. Verwechseln Sie bei aller Euphorie nun aber nicht Selbstachtung mit Selbstüberschätzung. Auch wenn beide sehr nahe beieinanderliegen, trennt sie dennoch ein gewichtiger Unterschied: Selbstachtung ist lebensnotwendig, Selbstüberschätzung kann unter Umständen sogar lebensgefährlich sein.

> Selbstachtung ist das Ergebnis einer intensiven Auseinandersetzung mit tatsächlichen Gegebenheiten.

Sie meint, sich selbst genauso wohlwollend und vorurteilslos zu betrachten wie einen Menschen, dem wir noch nie begegnet sind.

Überschätzung hingegen ist die Konsequenz der Weigerung, sich mit unseren tatsächlich vorhandenen Möglichkeiten, Talenten und Schwächen auseinanderzusetzen. Bitte interpretieren Sie diesen Satz nicht falsch. Selbstachtung heißt keinesfalls, sich kleiner zu machen, als man ist. Ganz im Gegenteil.

> Selbstachtung bedeutet einfach, sich seine persönlichen Ressourcen und Fähigkeiten gezielt bewusst zu machen.

Ich möchte Ihnen ein Beispiel geben. *Beantworten Sie dazu bitte* ganz spontan die folgende Frage: Sind Sie in dem, was Sie derzeit beruflich machen, gut, sehr gut oder extrem gut? Wenn Sie eine Antwort gefunden haben, schreiben Sie diese auf. Falls Sie sich jetzt für ein anderes Attribut als »extrem gut« entschieden haben: Wie sind Sie zu dieser Einschätzung gekommen? Haben Sie vorher für sich definiert, wo genau die Unterschiede zwischen »sehr gut« und »extrem gut« liegen? Oder sind Sie einfach nach dem Klang des Wortes gegangen und haben den Superlativ von vornherein ausgeschlossen? Genau das meint Selbstachtung: zu wissen, was wir nicht verändern können, aber auch mit der gleichen Sorgfalt darauf zu schauen, was sich sehr wohl verändern lässt.

Zusammenfassend lässt sich sagen:

> Erst die Fähigkeit, uns selbst zu kennen und zu achten, macht uns unabhängig.

Umgekehrt schwächt uns jede Fixierung auf die Meinung anderer.

Ich denke in diesem Zusammenhang oft an einen guten Bekannten aus meiner Zeit bei den Pfadfindern. Betreffender Kollege, der üblicherweise das jährliche Sommerlager organisierte und leitete, hatte die interessante Gewohnheit, nackt zu schlafen. Eines Morgens weckte mich der Besitzer des Grundstückes, auf dem wir unsere Zelte aufgebaut hatten. Ich weiß zwar nicht mehr, worum es damals ging, erinnere mich aber noch gut daran, dass er recht geladen war, als er mir mitteilte, den Lagerleiter sprechen zu wollen. Also begleitete ich ihn zum entsprechenden Zelt, klopfte an und teilte meinem Bekannten mit, dass jemand ihn suche. Zu meinem großen Erstaunen hörte ich bereits nach wenigen Sekunden, wie ein Reißverschluss geöffnet wurde. Dann tat sich der Zelteingang auf, und gleich darauf stand der Kollege in völliger Ruhe splitternackt vor dem Grundstücksbesitzer. Dessen anfänglicher Zorn wich sehr plötzlich einer wachsenden Nervosität. Mein Bekannter hörte sich das stotternd vorgetragene Anliegen an, nickte verständnisvoll, sagte: »Ich ziehe mir nur schnell etwas an!«, und verschwand wieder in seinem Zelt. Dass sich das Problem am Ende zu unseren Gunsten gelöst hat, muss ich an dieser Stelle wohl nicht eigens anführen.

Ich wollte Sie mit dieser Geschichte vor allem auf eines aufmerksam machen:

> Eitelkeit gehört zu den stärksten Hemmnissen, die es gibt.

Oft habe ich mich gefragt, wie viele durchaus sinnvolle Dinge schon unterlassen worden sind, allein wegen der simplen Frage: Was werden die anderen denken? Wie sehr uns diese Fragestellung mit unnötigen Problemen befrachtet, konnte ich vor kurzem wieder an mir selbst beobachten.

Es war im vergangenen Winter, als ich zu einer Reise nach Indien aufbrach. Da der nächstgelegene Flughafen von meinem Zuhause etwas über zwei Autostunden entfernt ist, nutze ich üblicherweise einen Transferbus, um dorthin zu gelangen. Obwohl ich mich normalerweise nicht sonderlich für die Meinung anderer Menschen interessiere, überkam mich plötzlich ein Anfall von Eitelkeit, und ich begann, mir zu überlegen, dass ich doch nicht mitten im Winter in Sandalen zum Flughafen fahren könne. Meine Gedanken kreisten aber nicht um die Angst, während der Fahrt kalte Füße zu bekommen, sondern vielmehr um die fragenden Blicke der anderen Fahrgäste, die ich fraglos auf mich ziehen würde. Also packte ich meine Trekkingsandalen in den Rucksack und zog für die Fahrt ein paar alte Turnschuhe an. Als ich diese nach der Ankunft in Mumbai auszog und mir klarwurde, dass ich sie nun fünf Wochen lang mit mir herumtragen müsste, verschwanden sie kurzerhand im Mülleimer. (Dass die Inder die Radikalität meiner Veränderung nicht verstanden und mir die Schuhe nach dem Verlassen des Hotels nachgebracht haben, ist ein anderer Punkt.) Tatsache war jedenfalls, dass ich die Rückfahrt in Sandalen machen musste, mir die anderen Passagiere erwartungsgemäß auf die Füße geschaut haben – und ich daran nicht gestorben bin.

Notieren Sie bitte in Ihr Heft, welche tatsächlichen Auswirkungen es hat, wenn völlig unbekannte Menschen Sie mit einem Fleck auf der Hose, mit ungewaschenen Haaren oder mit verlaufenem Make-up sehen. Zugegeben, das sind oberflächliche Dinge, aber sie illustrieren das dahinterliegende Prinzip:

In Wirklichkeit ist es meist völlig gleichgültig, was die anderen von uns denken.

Genau deswegen sollten wir uns nicht aus der Angst heraus von Veränderungen abhalten lassen, in einer neuen Situation nicht auf Anhieb so souverän agieren zu können wie wir es in der alten tun.

Wie viele Menschen spielen aufgrund von Ängsten und falscher Eitelkeit jahrelang ihre alte, eigentlich unpassende Rolle, nur weil sie fürchten, in der neuen nicht mehr die nötige Anerkennung zu bekommen?

> Umgekehrt kann Gefallsucht aber bewirken, dass wir Veränderungen nur deshalb wagen, weil wir anderen gefallen wollen.

Solche Veränderungen schaden uns oft mehr, als sie uns nutzen.

Sie wissen bestimmt aus eigener Erfahrung, wie beeinflussbar uns ein Lob oder das, was wir dafür halten, machen kann. Wie oft gehen wir über unsere Grenzen hinaus, nur um einem Mitmenschen zu gefallen?

> Lob macht mutig, aber dieser Mut hat meist durchaus seinen Preis.

Ein schönes Beispiel dafür sind die jugendlichen Skater, die man meist dort antrifft, wo sie mit viel Publikum rechnen können. Solange ihnen nicht bewusst ist, dass sie beobachtet werden, machen sie nur selten Kunststücke, die ihr Können übersteigen. Sobald jedoch die Menge der Zuschauer zunimmt und diese vielleicht applaudieren oder gar die Skater anfeuern, werden deren Aktionen immer waghalsiger und gefährlicher und nehmen gar nicht selten ein richtig böses Ende.

Schreiben Sie bitte auf, wann Sie das letzte Mal etwas getan haben, was Sie normalerweise nicht täten, nur weil Sie eine andere Person beeindrucken wollten.

Nicht jeder Wunsch nach Veränderung hat seinen wirklichen Ursprung in uns selbst.

Gewöhnen Sie sich daher in Ihrem eigenen Interesse an, jeden Veränderungswunsch mit Selbstachtung und Selbstbewusstsein darauf zu prüfen, ob er tatsächlich aus Ihrem Inneren kommt oder aber durch Druck oder Einfluss von außen entstanden ist.

Wie aber sollen wir nun damit umgehen, wenn uns jemand einen vernünftig scheinenden Rat erteilt? Schließlich kann es sich auch hierbei durchaus um eine versteckte Form der Beeinflussung handeln. Sollten wir Ratschläge also aus Prinzip ablehnen und dabei riskieren, uns selbst zu schaden?

In Shaolin erzählt man sich, dass ein alter Meister die Gewohnheit hatte, jeden Abend mit einem Hund zu spielen, den er bei sich aufgenommen hatte. Immer wieder schoss der Hund dabei auf einen geworfenen Stock zu, hob ihn auf und rannte wieder zurück. Dann nahm er schwanzwedelnd vor dem Meister Platz und wartete voller Vorfreude auf das nächste Spiel.

Eines Abends lud der Meister einen seiner Schüler ein,

ihn auf einen Spaziergang mit dem Hund zu begleiten. Er wollte ihm helfen, mit den Widersprüchlichkeiten der buddhistischen Lehre besser klarzukommen. »Du musst verstehen«, sagte der Lehrer, »dass Worte nur Wegweiser sind. Worte und Symbole dürfen nie die Wahrheit verhüllen. Aber lass mich dir besser zeigen, was ich meine.« Er wandte sich an seinen Hund. »Komm, bring mir den Mond«, sagte er und wies mit dem Finger auf den vollen Mond.

»Wo schaut mein Hund nun hin?«, fragte der Meister den Schüler.

»Er schaut auf Euren Finger.«

»Genau! Sei nicht so wie mein Hund! Du darfst den weisenden Finger nicht mit dem Gegenstand verwechseln, auf den er weist. Auch unsere Worte sind nichts als Wegweiser. Jeder Mensch erkämpft sich seinen Weg durch die Worte der anderen, um zu seiner eigenen Wahrheit zu gelangen.«

Lassen Sie mich diesen wichtigen Sachverhalt noch einmal zusammenfassen:

> Nicht der Bote zählt, sondern die Botschaft. Nur wer sich selbst achtet, geht auch den eigenen Weg zur Veränderung.

Achten Sie daher die Meinung Ihrer Mitmenschen, und freuen Sie sich auch über deren Lob. Aber machen Sie sich niemals von ihnen abhängig.

Um das Kapitel zu vertiefen, machen Sie die Übungen auf den folgenden Seiten

Übungen

Wann sollten wir Ratschläge annehmen? Wann sollten wir sie ablehnen?

_____
_____
_____
_____

Worauf sollte sich der Bogenschütze konzentrieren, wenn nicht auf den Preis?

_____
_____
_____
_____

Warum wollen wir oft Menschen gefallen, die wir gar nicht kennen?

_____
_____
_____
_____
_____

Wie bemisst sich der Wert Ihrer Zeit?

_____
_____
_____
_____

Sind Sie jemand, dem andere gefallen wollen?
Was bedeutet das für Sie?

_____
_____
_____
_____

Warum hat die Natur die Eitelkeit erschaffen?

_____
_____
_____

Was macht Sie beeinflussbar?

_____
_____
_____

Träume entspringen
wachen Gedanken.

(Aus China)

行必果

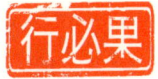

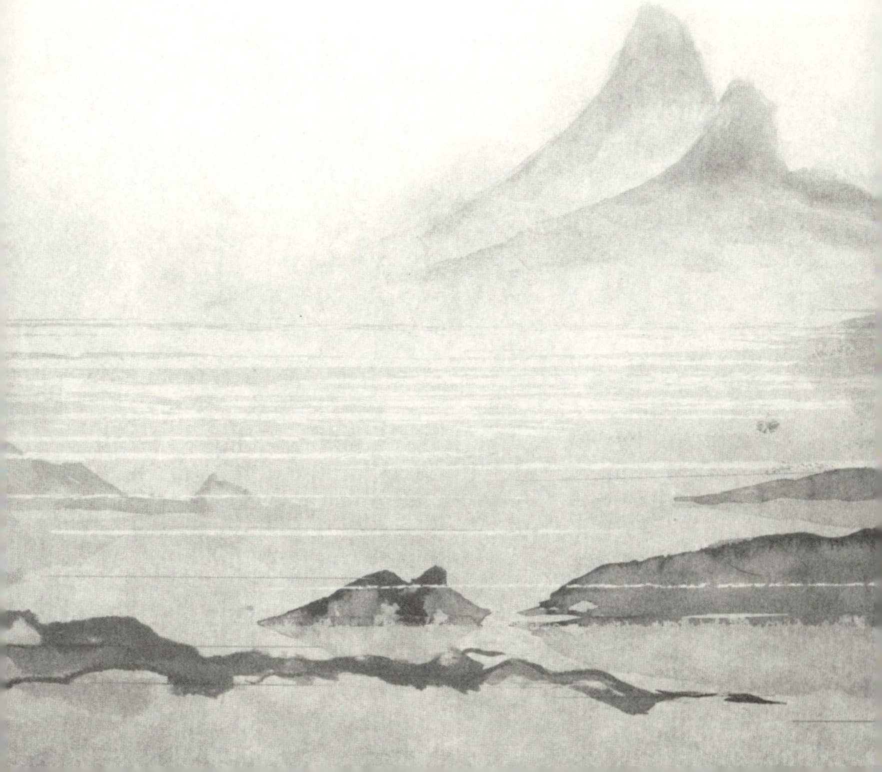

4

Der Schritt der Zielfindung

Wenn du niemals die Richtung änderst,
steht von Beginn an fest, wo dein Weg enden wird.
(Aus China)

Verstehe, dass es ohne Ziel keine Richtung gibt, in die du aufbrechen kannst

In Shaolin erzählt man sich, dass ein Mann eines Tages in den Wald ging, um einen Vogel zu fangen. Er kam mit einem jungen Adler zurück und sperrte ihn zu seinen Hühnern. Einige Jahre später kam ein wandernder Mönch an dem Hühnerhof vorbei. Als er inmitten der Hennen den Adler erblickte, sagte er erstaunt: »Das dort ist kein Huhn, das ist doch ein Adler!«

»Das stimmt«, sagte der Mann, »aber ich habe ihn zu einem Huhn erzogen. Deshalb ist er jetzt kein Adler mehr, sondern ein einfaches Huhn wie all die anderen hier.« – »Du irrst«, entgegnete der Mönch. »Er ist noch immer ein Adler, denn er hat das Herz eines Adlers. Und dieses wird ihn hoch hinausfliegen lassen in die Lüfte.« Der Mann schüttelte den Kopf: »Nein. Er ist ein richtiges Huhn geworden und wird niemals fliegen.« Die beiden beschlossen, einen Test zu wagen. Der Mönch ließ den Adler auf seinen Arm springen und sagte zu ihm: »Du, der du ein Adler bist, der du in den Himmel gehörst und nicht auf die Erde: Breite deine Schwingen aus und fliege!« Der Adler saß auf dem gestreckten Arm des Mönches und blickte um sich. Hinter sich sah er die Hühner nach ihren Körnern picken und hüpfte zu ihnen hinunter. Da lachte der Mann und sagte: »Siehst du, es ist genau, wie ich es gesagt habe: Er ist jetzt ein Huhn.« – »Nein«, entgegnete der Mönch, »er ist ein Adler. Versuchen wir es morgen noch einmal.« Am nächsten Tag stieg er mit dem Adler auf das Dach des Hauses, hob ihn empor und sagte: »Adler, der du ein Adler bist, breite deine Schwingen aus und fliege!« Doch abermals erblickte der Adler die scharrenden Hühner im Hof, hüpfte hinunter und begann, mit ihnen zu scharren. »Siehst du«, sagte der Mann. »Ich habe es dir gesagt: Er ist ein Huhn.« Doch der Mönch schüttelte erneut den Kopf und sagte: »Nein. Er ist ein Adler, und er hat noch immer das Herz eines Adlers. Lass es uns noch ein letztes Mal versuchen. Morgen werde ich ihn fliegen lassen.«

Am nächsten Morgen erhob sich der Mönch schon sehr zeitig von seinem Lager, brachte den Adler hinaus aus der Stadt, weit weg von den Häusern an den Fuß eines hohen Berges. Er wartete, bis die Sonne aufging und den Gipfel des Berges vergoldete. Jede Zinne erstrahlte in der Freude eines wundervollen Morgens. Wieder ließ der Mönch den Adler auf seinem Arm sitzen und hob ihn hoch: »Du bist ein Adler. Du gehörst dem Himmel und nicht auf die Erde. Breite deine Schwingen aus und fliege!« Zum ersten Mal blickte der Adler nun umher und zitterte, als erfülle ihn neues Leben. Aber er flog nicht. Da ließ ihn der Mönch direkt in die Sonne schauen. Und plötzlich breitete der Vogel seine gewaltigen Flügel aus, erhob sich mit dem Schrei eines Adlers, flog höher und höher und kehrte nie wieder zurück.

Dies ist eine Geschichte, die uns vor allem eines sehr deutlich vor Augen führt: Ohne ein klares Ziel gibt es keinen Grund, etwas anders zu machen – und daher auch keine Veränderung. Sie können sich das vorstellen, als begäben Sie sich auf eine Reise, bei der Sie kein Ziel haben. Statt also einen konkreten Punkt vor Augen zu haben, den Sie am Ende erreichen möchten, beschließen Sie, einfach die Gegend zu erkunden. Am Anfang finden Sie das alles noch ziemlich spannend. Also fahren Sie eine Zeitlang herum, reisen hierhin und dorthin. Aber dann kommt der Zeitpunkt, an dem Ihnen die Sache langweilig wird und es Sie wieder zurück nach Hause zieht.

Unglücklicherweise gilt dieses Prinzip nun auch für Veränderung.

> Haben wir bei einer Veränderung kein Ziel, probieren wir durchaus einmal neue Dinge aus, kehren aber recht schnell zu unseren alten Gewohnheiten zurück.

Ein bisschen ist das wie mit dem Adler aus der Geschichte, der zwar schaut und zittert, aber am Ende erst dann fliegt, als ihm der Mönch ein konkretes Ziel vor Augen führt: den Flug Richtung Sonne, hinaus in eine freie Welt.

Der Grund für dieses Verhalten liegt tief in unserer Natur verwurzelt.

Damit unser Gehirn bereit ist, etwas Neues auszuprobieren oder zu lernen, braucht es immer die Aussicht auf eine Belohnung.

Ansonsten verliert es recht schnell die Lust und lässt uns zu den gewohnten Routinen zurückkehren.

Sie können sich das vorstellen, als versuchten Sie, ohne eine konkrete Absicht eine Sprache zu lernen. Sie haben also weder vor, einmal das Land zu bereisen, in dem diese gesprochen wird, noch möchten Sie irgendwelche Texte im Original lesen können. Bei den ersten zwei, drei Lektionen ist die Motivation noch hoch. Schließlich entdecken Sie gerade etwas Neues! Doch dann kommt relativ rasch der Moment, in dem Sie die Kapitel eher überfliegen, als sie sorgsam durchzuarbeiten, bis Sie schließlich das Buch nur noch interessiert durchblättern und schließlich zur Seite legen. Wie anders aber sieht die Sache aus, wenn der Zweck des Spracherwerbs darin liegt, im Urlaub endlich einmal mit dem feschen Surflehrer oder der entzückenden Kellnerin ein paar Worte in deren Sprache austauschen zu können!

Notieren Sie bitte in Ihr Heft, aus welchen Themenbereichen in diesem Fall das vermittelte Vokabular stammen sollte. Wenn Sie hauptsächlich vorhaben, mit der netten Rezeptionistin zu plaudern, werden Sie Vokabeln wie »Nähmaschine« oder »Brillenputztuch« wohl schwerer in

Ihren Kopf bekommen als »wunderbarer Strand«, »Sonnenschein« oder »Dienstschluss«. Was immer wir lernen und behalten wollen, das müssen wir auch anwenden können.

Das ist auch der Grund, warum Ziellosigkeit eine so unglaubliche Verschwendung von Ressourcen ist. Wer gleichzeitig überall und nirgends hinwill, der bereitet ständig neue Veränderungen vor, von denen er am Ende keine einzige durchführt.

Verstehen Sie mich jetzt bitte richtig. Ich weiß, dass ich in einem der vorigen Kapitel geschrieben habe, dass man sein Leben durchaus träumen darf, ohne den Zwang zu verspüren, diese Träume auch tatsächlich Wirklichkeit werden zu lassen. Es gibt dabei aber eine kleine Einschränkung: Man muss in diesem Fall darauf achten, dass diese Phantasien wirklich nur im Kopf bleiben und man nicht beginnt, Geld, Zeit oder sonstige Ressourcen zu vergeuden.

> Trennen Sie also immer Ihre Träume von Ihren tatsächlichen Veränderungswünschen.

Denn sobald man sich einmal ernsthaft zu einer Veränderung entschlossen hat, muss man die Sache anders angehen.

Lassen Sie mich diesen Sachverhalt an einem Beispiel illustrieren. Stellen Sie sich bitte vor, Sie wären in Asien unterwegs und hätten vor, dort auch noch einige Zeit zu bleiben. Während dieser Reise erhalten Sie eines Tages eine Nachricht von einem Bekannten, der Ihnen mitteilt, dass er leider einen lange geplanten Trip durch Südamerika absagen müsse und daher für mehrere bereits im Vorhinein bezahlte Bustickets keine Verwendung mehr habe. Wenn dieser Bekannte Ihnen nun die Fahrkarten zu einem Viertel des ursprünglichen Preises anböte, würden Sie zuschlagen? Warum? *Schreiben Sie es bitte auf.*

Versetzen Sie sich nun in die folgende Situation. Sie liegen zu Hause auf dem Sofa und denken darüber nach, dass in der nächsten Zeit unbedingt ein Ortswechsel angesagt wäre, als Sie völlig unerwartet das Angebot von besagtem Bekannten erreicht. Auch wenn Sie eine Reise nach Südamerika bis dato nicht einmal angedacht haben, wie reagieren Sie jetzt auf dieses Angebot? *Notieren Sie es bitte* darunter.

Ganz allgemein lässt sich sagen, dass Veränderung in vielerlei Hinsicht große Ähnlichkeit mit dem Lernen hat. Schließlich müssen wir uns auch die Fähigkeit erst erwerben, ein völlig neues Verhalten selbstverständlich auszuführen. Genauso ist beiden, Veränderung und Lernen, gemeinsam, dass sich unser Gehirn nur dann darauf einlässt, wenn eine möglichst konkrete Aussicht auf eine Belohnung besteht. Das muss jetzt kein materieller Wert sein.

> Oft reicht es, dass wir uns nach einer Veränderung einfach anders, besser fühlen.

Schön zu sehen ist dieser Sachverhalt dort, wo Menschen versuchen, mit dem Rauchen aufzuhören. Haben Sie sich schon einmal gefragt, warum das so vielen zwar durchaus eine Zeitlang gelingt, die meisten aber irgendwann wieder rückfällig werden? Viele, die versuchen, von der Zigarette wegzukommen, erwarten, dass es irgendwann »klick« macht und sie der Raucherei genauso ablehnend gegenüberstehen, wie sie es getan haben, bevor sie mit ihr begonnen haben. Sie hoffen, anders gesagt, dass das Verlangen nach einer Zigarette irgendwann von einem Tag auf den anderen schlagartig komplett verschwindet, wenn es ihnen nur eine gewisse Zeit gelingt, dem Rauchen zu entsagen. Leider tritt diese erhoffte Belohnung nicht ein. Zwar gewöhnt sich das Gehirn recht schnell daran, nicht mehr zu rauchen, aber der früher empfundene ehrliche Ekel vor einer Zigarette kommt nie mehr zurück. Das ist ganz nebenbei der Grund, warum ehemalige Raucher sogar nach zwanzigjähriger Abstinenz wieder zu rauchen beginnen.

Ein Prinzip, das natürlich nicht nur für das Rauchen gilt. Vielmehr ist es so, dass wir bei fast allen Veränderungen den erlösenden »Klick«, der uns zeigt, dass unsere Veränderung erfolgreich war, selbst definieren müssen. Gleichgültig, ob wir es alleine oder gemeinsam mit anderen erreichen wollen:

> Jedes Veränderungsziel muss so formuliert sein, dass alle Beteiligten wissen, wann es erreicht ist.

Schließlich liegt genau im Erreichen eines klar definierten Ziels der Lohn unserer Bemühungen.

Am Ende entscheidet die Frage, wie wir das gewünschte Ergebnis einer Veränderung formulieren, sehr stark darüber, ob diese uns gelingen wird.

Lassen Sie mich das kurz demonstrieren. *Schreiben Sie bitte in Ihr Heft* folgenden Satz: »Ich möchte mehr verdienen.« Gleich daneben schreiben Sie: »Ich möchte das Zehnfache verdienen.« Lassen Sie jetzt diese beiden inhaltlich fast identischen Aussagen auf sich wirken und unterstreichen Sie dann diejenige, die Sie stärker bei der Veränderung unterstützen würde. Ich nehme an, Sie haben den zweiten Satz markiert, was ich übrigens auch getan hätte. Schließlich könnte das vage definierte Ziel des mehr Verdienens nämlich auch das Gegenteil bewirken.

In der Praxis sieht das dann folgendermaßen aus: Nehmen wir an, Sie sind selbständig und haben bis jetzt 20 000 Euro im Jahr verdient. Da Sie mit dem Betrag nicht auskommen, setzen Sie alles daran, den Verdienst zu erhöhen. Sie versuchen, effizienter zu werden, arbeiten mehr und tun auch sonst alles, was Ihren Gewinn erhöhen könnte. Nach Ablauf des Geschäftsjahres ziehen Sie Bilanz und stellen fest, das sich die Mühe tatsächlich gelohnt hat: Statt der bisherigen 20 000 Euro haben Sie in diesem Jahr 20 140 Euro verdient! Ganze 140 Euro mehr! Mal ehrlich: Wie geht es Ihnen? Werden Sie Ihre Anstrengungen im folgenden Jahr noch einmal intensivieren? Schließlich ist Ihnen die gewünschte Veränderung, mehr zu verdienen, ja gelungen! Liege ich sehr falsch, wenn ich das Gefühl habe, dass Sie mit Ihrem Erfolg nicht wirklich zufrieden sind?

So Sie mir recht geben, *schreiben Sie bitte auf,* warum dem so ist. Noch besser wäre es in diesem Fall übrigens gewesen, ganz konkret jenen Betrag zu notieren, der möglichst am Jahresende auf Ihrem Konto sein soll. Auch hier gilt aber:

> Wählen Sie immer ein Ziel, das etwas größer ist als das, von dem Sie glauben, es tatsächlich erreichen zu können.

Denn wenn es auch viele nicht wahrhaben wollen, sind wir lange nicht so konsequent, wie wir meinen. Wir geben oft bereits auf, wenn uns der Sieg nur gewiss scheint.

Häufig zu beobachten ist dieses Phänomen beim Bergwandern. Wir nehmen uns vor, einen Berg zu besteigen. Doch der Weg Richtung Gipfel ist mühsamer als gedacht, und als uns von der Bergspitze nur noch wenige hundert Meter trennen, sind wir bereits ziemlich erschöpft. Da es auch spät geworden ist und wir ohnehin noch einen langen Rückweg vor uns haben, blicken wir zum Gipfelkreuz und denken: »Sagen wir einfach, wir waren oben. Das kurze Stück macht jetzt wirklich keinen Unterschied.« Und drehen um. Welches Ziel hätten Sie sich in dem geschilderten Fall stecken müssen, um tatsächlich bis zum Gipfel zu gelangen? *Schreiben Sie es bitte auf.*

Ein gutes Beispiel für die Fähigkeit, groß zu denken, geben uns die Shaolin-Mönche. Auch deren Ziel ist es nie gewesen, einfach gut kämpfen zu können. Vielmehr sahen sie ihre Herausforderung schlicht darin, die besten Kämpfer der Welt zu werden. Genauso wollten sie nicht möglichst viele Gegner besiegen, sondern nach Möglichkeit alle. Groß zu denken, so wusste man in Shaolin schon lange, bedeutet, von dem Ziel zu träumen, das man erreichen möchte, und nicht, ständig über mögliche Hindernisse auf dem Weg nachzudenken.

Wo es nun aber um die Umsetzung von Veränderungen geht, genügt es nicht, auf ein großes Ziel hinzusteuern. Wie eingangs erwähnt, arbeitet nämlich unser Hirn so nicht.

> Daher muss, wer ein großes Ziel erreichen möchte, dieses in viele kleine Unterziele unterteilen, die sich schnell erreichen lassen.

Schließlich brauchen wir möglichst oft das Gefühl, etwas abgeschlossen zu haben. Nur so spüren wir einen Fortschritt und bleiben motiviert.

Auch dieses Prinzip kann man schön nachvollziehen, wenn man versucht, eine neue Sprache zu lernen. So erinnere ich mich gut, dass früher alle Sprachlehrbücher nach der gleichen, demotivierenden Methode aufgebaut waren. Um eine Lektion beenden und zur nächsten übergehen zu können, musste man meist vierzig oder fünfzig neue Vokabeln lernen.

Wie Sie sich vorstellen können oder vielleicht sogar aus eigener Erfahrung wissen, führte das ziemlich schnell dazu, dass die Lust am Lernen verblasste. Niemand möchte schließlich die ewig gleichen Lektionstexte lesen, nur weil er zehn neue Worte nicht in den Kopf bekommt. Wirklich bewusst geworden ist mir das aber erst, als vor einiger Zeit ein deutschsprachiger Verlag ein Lehrbuch herausgebracht hat, das sich genau dieses Problems annimmt. Der Stoff ist in kleine Happen aufgeteilt, man lernt pro Einheit maximal acht neue Worte und hat ständig das belohnende Klick im Kopf, wieder etwas erreicht zu haben.

Ganz ähnlich haben sich auch die Mönche von Shaolin zuerst einmal darauf konzentriert, aus ihren Körpern tödliche Waffen zu machen, und nicht gleich versucht, auch Meisterschaft im Gebrauch von Schusswaffen zu erlangen. Wie beim Lernen gilt auch bei der Veränderung: Wer zu viel auf einmal will, bekommt am Schluss gar nichts. Hinzu kommt:

> Zu große Schritte lassen das Ziel unerreichbar scheinen und bringen uns am Ende um die nötige Belohnung.

Gute Veränderungsziele müssen aber wie schon mehrmals erwähnt noch eine andere Bedingung erfüllen: Sie müssen aus Ihrem Inneren kommen.

Interessanterweise ist gerade das sehr häufig nicht der Fall. So hat schon der französische Philosoph Montesquieu festgestellt: »Wenn man nur glücklich sein wollte, wäre es bald getan. Aber man will ja glücklicher als die anderen sein, und das ist fast immer schwierig, weil wir die anderen für glücklicher halten, als sie wirklich sind.«

Nun ist das, was für das Glücklichsein stimmt, auch für die Veränderung richtig.

> Erstaunlich häufig möchten Menschen eigentlich nur deshalb etwas verändern, weil sie ihrem Umfeld zeigen wollen, dass sie dazu in der Lage sind.

Sie kennen das sicher aus der eigenen Erfahrung. Schließlich hat wohl jeder von uns schon einmal etwas gekauft, was er eigentlich gar nicht wollte, nur weil irgendein Bekannter gemeint hat: »Du kaufst das doch nur nicht, weil du es dir einfach nicht leisten kannst!«

Schreiben Sie bitte in Ihr Heft, wann Sie das letzte Mal allein deshalb von Ihren ursprünglichen Plänen abgewichen sind, weil Sie sich dazu provoziert gefühlt haben. Besonders interessant finde ich in diesem Zusammenhang ein psychologisches Experiment, das als sogenannter »Marshmallow-Test« bekannt geworden ist. Hierbei gab man Kindern ein Stück dieser Süßigkeit und stellte sie vor folgende Wahl: Entweder sie aßen das Marshmallow sofort, dann bliebe es bei dem einen. Oder aber sie warteten eine Stunde mit dem Verzehr, dann gäbe es sozusagen als Bonus noch eines dazu. Wie zu erwarten, verschlangen manche Kinder die Süßigkeit sofort, während andere geduldig auf die Belohnung warteten. Viele Jahre später untersuchte man, was aus den Teilnehmern geworden war. Zum allgemeinen Erstaunen stellte sich heraus, dass jene, die auf den Bonus gewartet hatten, später häufig die steilere Karriere hingelegt hatten, was man auf ein höheres Maß an Disziplin zurückführte.

Nehmen wir nun an, ich biete Ihnen an, Ihnen entweder jetzt sofort ein Monatsgehalt auszubezahlen oder aber in einem Jahr das Doppelte, wofür entscheiden Sie sich? *Schreiben Sie es bitte auf.* Mit dem Wissen, dass die Fähigkeit zu warten mit der sehr erwünschten Eigenschaft der Selbstdisziplin in Verbindung gebracht wird, haben Sie sich wahrscheinlich für die spätere Auszahlung des doppelten Betrages entschieden.

Falls dem so ist, *notieren Sie bitte,* warum Sie sich auf diese Weise entschieden haben.

Nehmen wir jetzt an, man hätte das Experiment im Shaolin-Kloster durchgeführt. Welche Variante hätten die Mönche wohl gewählt? Ich nehme an, jene, die mehr mit dem aktuellen Augenblick verbunden ist.

> Schließlich bedeutet bei aller Selbstdisziplin das Leben im Hier und Jetzt, das anzunehmen, was uns dieser Moment bietet.

Was nützt es Ihnen am Ende, dass Sie theoretisch in einem Jahr die doppelte Summe ausbezahlt bekommen, wenn Sie dann vielleicht gar nicht mehr am Leben sind oder aus anderen Gründen keine Verwendung für das Geld haben?

> Ganz allgemein lässt sich sagen, dass Menschen aus einer Emotion heraus gern Dinge tun oder verändern und dann versuchen, ihr Handeln mit dem Verstand vor sich selbst zu rechtfertigen.

| DER SCHRITT DER ZIELFINDUNG |

Lassen Sie mich das anhand eines kleinen Gedankenexperiments veranschaulichen. Wenn ich Ihnen garantiere, dass die Preise sich nicht verändern: Möchten Sie lieber 18 000 Euro im Monat verdienen – und die Gehälter aller anderen bleiben, wie sie sind –, oder bevorzugen Sie 80 000 Euro unter der Bedingung, dass ab sofort alle das Gleiche verdienen? *Schreiben Sie Ihre* spontane Antwort bitte in Ihr Heft.

Ich nehme an, dass die emotional getroffene Entscheidung für die unterschiedlichen Einkommen die verstandesmäßig bessere Option des höheren Verdienstes überlagert hat. Dennoch bin ich mir sicher, dass Sie mir auf Nachfrage eine Erklärung liefern könnten, warum Sie trotzdem die bessere Wahl getroffen haben. Ersuchte ich Sie nun aber darum, mir das Ziel hinter Ihrer Entscheidung zu nennen, sähe die Sache wahrscheinlich anders aus. Oder würden Sie tatsächlich sagen, besser dazustehen als die anderen wäre Ihnen wichtiger, als ein gutes Leben zu führen?

Das eigentlich Unangenehme an dieser Sache ist aber, dass wir uns auf diese Art nicht nur hinterher schlechte Entscheidungen gutreden. Vielmehr treffen wir in der Folge ganz selbstverständlich bei nächster Gelegenheit erneut unsere Entscheidung nach ebendiesem Muster, da es sich ja vermeintlich bewährt hat.

So habe ich mir vor einiger Zeit eine Sprachlern-App für mein Mobiltelefon heruntergeladen, die in der Grundversion kostenlos war. Nachdem ich mich eine Zeitlang mit viel Spaß mit ihr beschäftigt hatte, beschloss ich, mir das Upgrade auf die Premium-Edition zu leisten, die zumindest in der Theorie einige praktische Vorteile versprach. Voller Freude tätigte ich den Kauf.

Als ich die Vollversion installiert hatte, stellte ich jedoch enttäuscht fest, dass ich in meiner Euphorie offenbar die Programme verwechselt hatte und mir den getätigten Kauf hätte sparen können. Die zusätzlichen Funktionen waren zwar nett, aber entbehrlich.

Einen kurzen Moment ärgerte ich mich über meine emotional getroffene Entscheidung, über das hinausgeworfene Geld und über meine Dummheit, nicht vorher besser recherchiert zu haben. Bis ich mich entschied, mein Denken an die ohnehin unveränderlichen Gegebenheiten anzupassen. Also überlegte ich mir, dass ich eigentlich nicht nur für die Programmerweiterung bezahlt, sondern vielmehr die Entwickler dieser kostenlos angebotenen App finanziell unterstützt hatte. Diese hätten ja auch für das gesamte Programm Geld verlangen können, und dann wäre es den Betrag durchaus wert gewesen. So sinnvoll diese Denkweise nun wirken mag, die meinen Ärger von einem Augenblick auf den anderen verschwinden ließ, so gefährlich ist sie. Viel zu leicht lässt sie uns vergessen, dass uns unsere Emotion in Wirklichkeit zu einer schlechten Entscheidung gebracht hat, die wir uns jetzt schönreden.

> Hüten Sie sich also davor, das Erreichte im Nachhinein zum Ziel zu erklären, nur weil Sie das vorher definierte Ziel nicht erreicht haben!

| DER SCHRITT DER ZIELFINDUNG |

Bleibt zu guter Letzt noch eine Frage zu klären: Wie vertragen sich Ziele mit der Idee, stets nur im Augenblick zu leben?

Meiner Ansicht nach schließt das eine das andere nicht aus, solange wir uns nur dann mit Zielen in der Zukunft beschäftigen, wenn unsere Aufmerksamkeit in der Gegenwart nicht benötigt wird. Selbst Bodhidharma, der legendäre Gründer des Shaolin-Klosters, hatte ein Ziel: Er wollte zu Lebzeiten die Erleuchtung erlangen. Ziele sind die Grundbedingung für Fortschritt und Veränderung. Wer ohne Ziel unterwegs ist, tritt bald auf der Stelle. Problematisch werden sie erst dort, wo wir ihnen alles unterordnen und darüber das Leben in der Gegenwart vergessen.

> Denken Sie immer daran,
> dass Ziele nichts Starres sind.

Vielmehr sind sie wie alles auf dieser Welt wandelbar und müssen daher stets hinterfragt und an die aktuellen Gegebenheiten angepasst werden.

Ein Problem hat einzig derjenige, der keine Ziele hat und folglich niemals die Richtung ändern wird. Bei ihm steht nämlich von Beginn an fest, wo sein Weg enden wird.

Um das Kapitel zu vertiefen, machen Sie die Übungen auf den folgenden Seiten

Übungen

Wie kann man Sie am einfachsten zu einer Veränderung provozieren, die Sie gar nicht möchten?

___

___

___

___

Welche Belohnungen helfen Ihnen, an einer Sache dranzubleiben?

___

___

___

___

Wie oft brauchen Sie diese?

___

___

___

___

ÜBUNGEN

Was spricht bei dem »Marshmallow-Test« dagegen, die Süßigkeit sofort aufzuessen?

_____

_____

_____

_____

Wäre es bei diesem Test sicher, dass Sie das zweite Marshmallow auch bekommen? Warum?

_____

_____

_____

_____

Was ist das größte Ziel, das Sie in Ihrem Leben noch erreichen möchten?

_____

_____

_____

_____

_____

_____

Die größte Verwundbarkeit ist die Unwissenheit.

(Sunzi)

5
Der Schritt der Wegbestimmung

*Wenn du etwas Bestimmtes erreichen möchtest,
musst du dich in einen bestimmten Menschen
verwandeln. Doch dann wird dich
das Erstrebte nicht mehr interessieren.*
(Eihei Dogen)

Verstehe, dass erst ein klarer Weg deinen Veränderungswillen zum Leben erweckt

Wer in früheren Zeiten an das Tor des Shaolin-Klosters klopfte, hatte in den meisten Fällen ein klares Ziel: Er wollte die Kunst des Kampfes erlernen und einmal jenen friedvollen, ausgeglichenen Zustand erlangen, den die Buddhisten die »Erleuchtung« nennen. Doch selbst jenen, die in den Kreis der Mönche aufgenommen wurden, gelang es am Ende nicht immer, dieses hehre Ziel auch wirklich zu erreichen. Manche brachen die Ausbildung ab, sobald sie erfuhren, dass ihr Meister vor das Erlernen der Kampfkunst jahrelange körperliche Arbeit gestellt hatte, um den Willen des Schülers zu prüfen. Andere wiederum erlagen den zahlreichen Verlockungen, die ihnen unterwegs begegneten. Auch die Anwärter in Shaolin mussten lernen, dass es nicht genügt zu wissen, wohin man möchte, sondern dass man vielmehr auch verstehen muss, wie man an dieses Ziel gelangt. So wird ein Kämpfer, der zwar den Sieg als Ziel, nicht aber den Weg zu diesem kennt, sehr wahrscheinlich scheitern.

Diesen Umstand hat der chinesische Militärstratege Sunzi bereits vor 2500 Jahren in seiner berühmten Abhandlung »Die Kunst des Krieges« auf den Punkt gebracht. Dort heißt es: »Man kann wissen, wie man siegt, ohne fähig zu sein, es zu tun.« Genauso kann man wissen, was man verändern will, ohne in der Lage zu sein, es auch zu tun. Denn gerade hier gilt:

> Wer den Weg nicht kennt, wird auch sein Ziel nicht erreichen.

Das hat vor allem damit zu tun, dass wir den Weg zu einer Veränderung im Normalfall nicht allein gehen. Neben jenen, die uns mit Ratschlägen aller Art von ihr abhalten möchten, gibt es noch all die Menschen, die versuchen, unsere Unsicherheit oder Unentschlossenheit für ihre eigenen Zwecke zu nutzen. Lassen Sie mich das an einem Beispiel zeigen.

Nehmen wir an, Sie gehen in ein Reisebüro und verlangen dort ein Flugticket zu einer Urlaubsdestination. Als die Mitarbeiterin Sie fragt, ob Sie dabei irgendwelche Präferenzen haben, wie Sie unterwegs sein möchten, antworten Sie schulterzuckend, dass Ihnen das völlig gleichgültig sei, solange Sie nur an Ihr Ziel kommen. Wie werden Sie wohl in so einem Fall unterwegs sein? Mit dem bequemen Linienflug am Vormittag, der gerade im Angebot ist, oder mit dem etwas teureren Charter mitten in der Nacht, für den die Agentur unbedingt noch Plätze verkaufen muss? Und welche Auswirkungen wird diese Anreise auf Ihren weiteren Urlaub haben? *Schreiben Sie die Antworten bitte in Ihr Heft.*

Versetzen Sie sich jetzt einmal in die Rolle der Reisebüro-Angestellten und notieren Sie ganz ehrlich, wie Sie selbst in diesem Fall handeln würden. Es mag Ihnen jetzt gefallen oder nicht:

> Menschen sind meist mehr auf ihren eigenen Vorteil bedacht.

Das ist weder gut noch schlecht, sondern einfach Tatsache. Es heißt aber:

> Wenn wir Veränderung wollen, müssen wir selbst den Weg dorthin vorgeben.

Sonst tun es die anderen in ihrem eigenen Interesse für uns.

Umgekehrt ist es aber so, dass man seine Mitmenschen durchaus damit beeindrucken kann, wenn man ihnen das Gefühl vermittelt, zu wissen, was man will. Oder glauben Sie wirklich, dass jemand, der im Reisebüro den günstigsten Flug zur bestmöglichen Abflugzeit verlangt, im gleichen Flieger sitzt wie Sie? *Schreiben Sie auch diese Antwort bitte auf.*

Auf mich macht es oft den Eindruck, als finde sich der Weg ganz mühelos von alleine, sobald man im Groben weiß, wohin er führen soll. Wie aus dem Nichts tauchen dann plötzlich Wegweiser auf, Menschen bieten ihre Unterstützung an, und auf einmal scheint sich alles nur noch darum zu sorgen, dass wir unser Ziel erreichen.

Ein Umstand, den ich vor allem auf meinen Reisen immer wieder mit demütigem Erstaunen beobachten konnte. Da ich üblicherweise mit viel Zeit unterwegs bin, habe ich es mir schon vor langem abgewöhnt, meine Routen detailliert zu planen. Vielmehr ist es meist so, dass ich unterwegs von einer interessanten Destination höre und mich spontan entschließe, dort hinzufahren. Dann begebe ich mich zum Bahnhof und kaufe dort die entsprechende Fahrkarte.

Zu Beginn meiner Reisetätigkeit hat mir die Idee, an einem mir völlig unbekannten Ort umsteigen zu müssen, durchaus einen gewissen Stress gemacht. Vor allem in Ländern, in denen man nicht mit unserer Schrift schreibt, kann es nämlich ziemlich herausfordernd sein, den richtigen Bahnsteig für die Weiterfahrt zu finden. Heute weiß ich, dass das völlig unnötig war. Vielmehr habe ich gerade dadurch eine faszinierende Erfahrung gemacht: Auch wenn ich nicht immer verstehe, warum, wissen selbst auf den entlegensten Bahnhöfen stets alle Anwesenden, wohin ich unterwegs bin. Jeder winkt, ruft und bedeutet mir, so gut er kann, in welchen Zug oder Bus ich als Nächstes einsteigen muss.

> Erlebnisse, die mir auch für den Alltag das Vertrauen gegeben haben, dass die Dinge so kommen werden, wie ich sie brauche.

Doch auch wenn es jetzt vielleicht den Anschein hat, ist dieser Luxus keineswegs umsonst. Damit andere mir nämlich auf meinem Weg zu dem von mir ausgewählten Ziel behilflich sein können, muss ich mir vorher die Mühe gemacht haben, ihn möglichst genau zu bestimmen. Zu groß wäre andernfalls die Gefahr, von einem geschäftstüchtigen Schaffner in einen Bus gelotst zu werden, der zwar noch freie Plätze, aber die meinem ursprünglichen Ziel genau entgegengesetzte Bestimmung hat. Ein Prinzip, an dem erstaunlich viele Veränderungen scheitern. Denn so bequem es auch scheinen mag:

> Es reicht nicht, nur festzustellen, dass etwas anders werden muss. Jede erfolgreiche Veränderung braucht sowohl ein Ziel als auch einen klar definierten Weg dorthin.

In den vielen Jahren, die ich nun Menschen durch die verschiedensten Arten von Veränderungsprozessen begleiten darf, ist mir etwas Interessantes aufgefallen. Sobald ich im Zuge von Coaching-Gesprächen meine Klienten frage, was konkret sie eigentlich von einer gewünschten Veränderung abhalte, kommt das Gespräch meist sehr rasch auf das Thema Geld. Egal, ob es um den Wechsel des Arbeitsplatzes, die Einführung einer neuen Produktkategorie oder sonst eine Veränderung geht: Wenn ich mein Gegenüber auffordere, mir die nächsten Schritte zu benennen, verhindert fast immer ein möglicher finanzieller Engpass das weitere Vorangehen. Eine Thematik, die wahrscheinlich auch Ihnen durchaus vertraut ist. *Notieren Sie bitte einmal* fünf Dinge in Ihr Heft, die Sie sofort ändern würden, wenn Sie es sich nur leisten könnten. Wir werden weiter unten auf Ihre Antworten zurückgreifen.

Der größte Vorteil dieser beliebten Ausrede liegt darin, dass sie zumindest vor uns selbst immer funktioniert. Natürlich würden wir gerne etwas ändern, aber wenn wir es uns nicht leisten können, was sollen wir dann tun? Genau genommen ist die Antwort auf diese Frage einfach: Herausfinden, was uns tatsächlich hemmt.

Denn wie Sie mit Sicherheit selbst wissen, ist der vorgebliche Geldmangel in den seltensten Fällen das wahre Motiv, aus dem heraus wir nichts verändern. Viel häufiger dient er dazu, unsere Zweifel, aber auch unsere Bequemlichkeit zu kaschieren.

Lassen Sie mich zeigen, was ich meine. Stellen Sie sich vor, es käme ein sehr reicher Mensch und böte an, Ihnen ohne jede Gegenleistung eine Million Euro zur Verfügung zu stellen. Wenn dieses Geld nun morgen früh auf Ihrem Konto eingänge, was exakt täten Sie damit, um die oben notierten Veränderungen möglich zu machen? Versuchen Sie, möglichst konkret jene Schritte zu überlegen, die Sie Ihrem Ziel näher bringen könnten. Wenn Sie damit fertig sind, *gehen Sie die Liste noch einmal durch* und streichen alles weg, was Ihnen ohne das Geld des Gönners nicht möglich wäre. Wenn jetzt auch nur eine einzige Sache stehengeblieben ist: Warum sind Sie diese bis jetzt noch nicht angegangen?

Der Grund, aus dem wir uns auf diese Weise belügen, ist folgender:

> Veränderung ist reizvoll.
> Aber eine Gewohnheit,
> die sich seit Jahren bewährt,
> ist noch viel attraktiver.

Wo immer es um Veränderungen geht, sind wir besonders gerne bereit, Argumente zu hören, warum wir doch wieder auf den alten, bequemen Weg zurückkehren sollten. Das Dumme daran ist, dass die gewichtigsten dieser Argumente meist von uns selbst kommen. Auch das hat aber allein mit unserer Bequemlichkeit zu tun.

Schließlich macht es einen großen Unterschied, ob wir vor dem Einschlafen über ein Ziel nachdenken oder uns ganz real mit der Frage beschäftigen, welche weiteren Schritte zu seiner Erreichung notwendig sind.

> Während das traumhafte Vorstellen
> des Ziels durchaus Freude macht, ist die
> Bestimmung des Weges mit Konzentration,
> Anstrengung und manchmal auch
> unangenehmen Fragen verbunden.

So kommt es, wie es kommen muss, und unsere Zweifel überwiegen die in uns durchaus vorhandene Fähigkeit, so gut wie jede Veränderung anzugehen.

In Shaolin erzählt man sich, dass eines Tages ein Meister mit einem Schüler einen Spaziergang machte. Nachdem sie eine Weile schweigend nebeneinander hergegangen waren, sagte der Schüler: »Meister, manchmal ist mir, als würden in meinem Kopf zwei Tiger gegeneinander kämpfen. Einer von ihnen will, dass ich meine Ziele erreiche. Er stärkt mich und gibt mir gute Gedanken. Der andere hingegen tut alles, um das zu verhindern. Er lässt keine Gelegenheit aus, mich zu schwächen und Zweifel zu säen. Welcher der beiden wird am Ende gewinnen?« – »Das entscheidest nur du selbst«, sagte der Meister. »Es wird jener Tiger gewinnen, den du fütterst.«

Wie der junge Mönch, so füttern auch Sie Ihre Tiger. Auch wenn ich glaube, dass die Sache bei Ihnen genau umgekehrt ist: Sie geben jenem Tier mehr zu fressen, von dem Sie glauben, dass es gewinnen wird. Schließlich sorgen Sie für die Nahrung, die Sie den beiden geben: Allein Ihre Gedanken lassen in Ihnen Glauben oder Zweifel wachsen.

Haben wir uns einmal für den Weg der Veränderung entschieden, hängt die Frage, ob wir ihn auch gehen, davon ab, für wie realistisch wir es halten, ihn tatsächlich beschreiten zu können. Doch wer bestimmt darüber, ob wir glauben, eine Veränderung schultern zu können?

> Am Ende entscheiden ausschließlich Sie, ob Sie sich zu einer Veränderung befähigen oder eben nicht.

Wer verstehen möchte, was ihn wirklich von Veränderung abhält, sollte sich daher einmal mit der eigenen Einstellung auseinandersetzen. Dann erst kann er sich Gedanken darüber machen, welchen Einfluss andere auf ihn haben. Anders gesagt:

> Wenn Sie eine Veränderung tatsächlich wollen und Ihnen nur Ihr eigenes Urteil im Weg ist, dann müssen Sie lernen, Ihre Urteile zu hinterfragen.

Wussten Sie, dass eine der schwierigsten Veränderungen, die es für uns Menschen gibt, das Ändern der eigenen Meinung ist? Haben wir uns einmal eine solche gebildet, dann ist es meist sehr schwierig, uns von etwas anderem zu überzeugen. Statt unsere Sicht auf die Dinge zu überdenken, verteidigen wir sie auch noch dann, wenn wir eigentlich wissen, dass sie falsch ist. Ein Mechanismus, den man auch in Shaolin bereits seit langem kennt.

Eines Tages, so heißt es dort, sagte ein Meister zu seinen Schülern: »Ihr hört mir nicht zu, um etwas zu entdecken, sondern nur, um in meinen Worten etwas zu erkennen, das eure eigene Meinung festigt. Ihr argumentiert nicht, um die Wahrheit zu finden, sondern um eure eigenen Ideen zu bestätigen.« Als die Schüler ihn daraufhin zweifelnd ansahen, erzählte er ihnen die folgende Geschichte. Einst kam ein König in eine kleine Stadt und sah überall die Spuren eines offensichtlich ausgezeichneten Bogenschützen. Auf Bäume, Mauern und alle Arten von Wänden hatte jemand mit Kreide konzentrische Kreise gezeichnet, und exakt im Mittelpunkt dieser Kreise befanden sich die Einschusslöcher von Pfeilen. Als der erstaunte Herrscher die Bewohner fragte, wer denn dieser Meisterschütze sei, zeigte man ihm einen zehnjährigen Jungen. »Das ist doch unglaublich«, sagte der König, »wie ist es denn möglich, dass du in deinem Alter schon ein so guter Schütze bist?« – »Das ist ganz einfach«, sagte der Junge. »Erst schieße ich, und dann zeichne ich die Kreise.« Der Meister schwieg eine Weile und fragte dann in die Runde: »Ist dies nicht auch die Art und Weise, wie ihr euren Weg geht, um so an euren Überzeugungen und Ideen festzuhalten?«

Ist Ihnen dieses Verhalten auch bekannt? Wenn Sie von einer Sache überzeugt sind, suchen Sie dann eher Argumente, die gegen Ihre Meinung sprechen, um diese gegebenenfalls noch einmal zu überdenken, oder greifen Sie lieber alles auf, was Sie in Ihrer Ansicht bestätigt?

Schreiben Sie bitte in Ihr Heft, wann Sie das letzte Mal Argumente für eine Veränderung gesucht haben, die Sie nicht wollten, obwohl sie gut gewesen wäre.

Nun kommt hinzu, dass ein geschickter Angreifer, der Sie von einer Veränderung abhalten möchte, diesen Umstand ausnutzen kann. Auch wenn am Ende allein Sie die Entscheidung für oder gegen eine Veränderung treffen, sind an der Entscheidungsfindung zumindest indirekt mehr Menschen beteiligt, als Ihnen lieb ist.

Sie können sich das vorstellen, als suchten Sie einen Wanderweg, den Sie im Urlaub mit Ihrer Familie gehen können. Zwar haben Sie sich bereits für eine Strecke entschieden, beschließen aber zur Sicherheit noch, im Internet zu recherchieren. Wenn die Route dort als nicht familientauglich beschrieben wird, nehmen Sie dann trotzdem diesen Weg? Verständlicherweise wahrscheinlich nicht. Solange Sie aber nicht vor Ort waren, um die Gegebenheiten mit eigenen Augen zu sehen, bestimmen nicht Sie, sondern jemand anders über Ihren Weg. Weiter gedacht, könnte nämlich jemand, der keine Kinder mag, Ihre Beeinflussbarkeit relativ leicht ausnutzen.

Das ist aber natürlich nicht die einzige Möglichkeit, jemanden von einer bestimmten Handlung abzuhalten. So kann uns ein Gegner ganz gezielt ins Bewusstsein bringen, wohin uns eine ihm nicht genehme Veränderung führen könnte. Immer wieder erlebe ich zum Beispiel, wie Menschen, die sich eine längere Auszeit nehmen oder gar ihren Job kündigen wollen, mit sehr subtilen Mitteln davon abgebracht werden sollen, sich aus dem Abhängigkeitsverhältnis mit dem Arbeitgeber zu lösen. Das klingt dann ungefähr so: »Ich finde es ja ganz toll, dass Sie das machen möchten! Das Einzige, was ich mich frage, ist, was tun Sie, wenn Sie von der langen Reise wieder zurückkommen? Ich meine, klar findet sich immer irgendein Job, und Sie wären sicher auch bei uns jederzeit wieder willkommen, aber wenn ich mir anschaue, wie sich das mit der Arbeitslosigkeit so entwickelt, wird mir direkt angst und bange! Ein Bekannter von mir hatte auch eine Auszeit genommen und sucht jetzt seit bald drei Jahren einen neuen Job. Aber Sie werden sich das mit Sicherheit überlegt haben.« Verstehen Sie, worauf ich hinausmöchte?

> Gerade in der Zeit zwischen der Zielfindung und der Wegbestimmung sind wir besonders verwundbar.

Erst wenn wir unverrückbar die Folgeschritte festgelegt haben, erlangen wir die nötige Sicherheit, um solchen Angriffen zu begegnen und sie zurückzuweisen. Mit mir führt wohl schon deshalb niemand solche Diskussionen, weil es sinnlos wäre. Abgesehen davon, dass ich in so einem Fall gar nicht wissen könnte, ob ich jemals zurückkäme, würde ich entgegnen, dass es ja auch ein Leben vor meinem aktuellen Job gegeben hat.

> Was viele übersehen, ist, dass wir überall dort, wo wir es uns verschlechtern könnten, wir es uns genauso gut auch verbessern könnten.

Ich habe in diesem Zusammenhang vor kurzem einen Beitrag in einem Forum gelesen, wo über die Frage diskutiert wurde, ob man etwas gegen die bereits angesprochene immer weiter ausufernde Überwachung tun könne. »Bei derartig bewusst entmutigenden Antworten nach dem Schema ›Versucht es gar nicht erst‹«, schrieb ein Teilnehmer, »bin ich mir ziemlich sicher, mit wem ich es zu tun habe.« In die gleiche Kerbe schlug auch die Meldung einer großen Tageszeitung, in der es um das Thema Immobilienpreise ging. Ein Makler wurde mit folgenden Worten zitiert: »Wir können durch diese Maßnahme nun Wohnungswerbern vermehrt Wohnraum anbieten.« Lassen Sie in Ihrem Kopf kurz das Bild eines »Wohnungswerbers« entstehen, dem »Wohnraum« angeboten wird. Sehen Sie da ernsthaft zwei gleichwertige Partner, die miteinander ein Geschäft machen? Ich habe mich nach der Lektüre dieses Artikels gefragt, wie viele Menschen wohl nach dem Lesen unbewusst das Gefühl hatten, ihre Möglichkeiten hingen vom Gutdünken eines ohnehin übermächtigen Vermieters ab. Wer wagte es da, eine neue Wohnung zu suchen, selbst wenn ihm die aktuelle unverschämt teuer erscheint?

Will man Menschen von Veränderung abhalten, ist es auch sehr effizient, sie gegenüber Auslösern von Veränderungswünschen abzustumpfen. So ist Ihnen möglicherweise bekannt, dass die Amerikaner im Vietnamkrieg die Unterstützung ihrer Landsleute vor allem aufgrund von zwei Fotos verloren, die durch die Weltpresse gingen. Eines war ein Bild von einer Hinrichtung auf offener Straße in Saigon, das zweite die Aufnahme eines nackten Mädchens, das mit schweren Verbrennungen vor den Napalmbomben um sein Leben rennt. Diese Aufnahmen entsetzten weite Teile der amerikanischen Bevölkerung so sehr, dass sie ein umgehendes Ende des Krieges forderten. Bevor Sie weiterlesen, *überlegen Sie bitte kurz und notieren Sie,* welche Fotos man heute veröffentlichen müsste, damit die Menschen massenweise auf die Straße gingen, um für Veränderung zu demonstrieren.

Meiner Meinung nach gibt es so etwas nicht mehr, da viele von uns durch die ständige Konfrontation mit Bildern von Leid und Gewalt, zu der uns die Massenmedien fast täglich zwingen, solchen mittlerweile recht gleichgültig gegenüberstehen. Eine Aufregung zu erzeugen wie früher gelingt nur selten.

Genauso werden uns Erfahrungen, die wir wiederholt machen, irgendwann zu Gewohnheiten, die wir selbst dann nicht mehr hinterfragen, wenn sie zu unserem Nachteil sind.

So erinnere ich mich gut daran, dass ich während meiner letzten Chinareise einen Abend ohne Internet verbracht habe, den ich eigentlich zum Arbeiten benötigt hätte. Und das nur, weil ich vergessen hatte, rechtzeitig an der Hotelrezeption nach einem Passwort zu fragen. Dazu muss man wissen, dass in vielen Ländern Asiens der Netzzugang zwar eigentlich frei ist, man aber für den Zugriff dennoch in den meisten Fällen Zugangsdaten braucht. Davon erfährt man aber erst, wenn man sich bereits mit dem Internet verbunden hat und vergeblich versucht, eine Seite aufzurufen, und stattdessen zu einer Eingabemaske weitergeleitet wird. Wie gesagt, gilt das zwar in den meisten Fällen, aber eben nicht in allen. Nachdem ich in besagtem Fall festgestellt hatte, dass die Rezeption am Abend nicht besetzt war, suchte ich zuerst überall im Zimmer nach Hinweisen auf mögliche Zugangsdaten und gab dann auf. Umso erstaunter war ich, als mir die Rezeptionistin am nächsten Tag freundlich lächelnd mitteilte, dass der Wi-Fi-Zugang in diesem Hotel tatsächlich ohne Anmeldung funktioniert hätte. Ich war gar nicht auf die Idee gekommen, es einfach auszuprobieren.

> Wie oft scheitern wir ganz allgemein, weil wir etwas gar nicht erst versuchen?

Wie stark die Auswirkungen dieser Art des Denkens tatsächlich sind, hat mir ein Erlebnis klargemacht, das ich vor kurzem in Indien hatte. In einem für dortige Verhältnisse richtig günstigen Hotel in Mumbai hatte ich schon bei der Buchung gesehen, dass der Preis ein laut Bewertungen ausgezeichnetes Frühstück beinhalten sollte. Vor meinem geistigen Auge baute sich bereits ein riesiges Büfett auf, und so fragte ich am Morgen erwartungsvoll an der Rezeption nach dem Frühstücksraum. Als ich wie geheißen die Dachterrasse betrat, war dort außer einem großen Tisch, an dem ein speisendes junges Pärchen saß, nichts zu sehen. Ich blickte mich um, fand aber nichts, was nach dem gesuchten Frühstück aussah. Auf meine Frage, wo sie denn das Essen herhätten, deuteten die beiden in eine Ecke, wo auf einem Tisch einige Tassen, ein Toaster, ein Marmeladenglas und mehrere Teller aufgebaut waren. Am Ende war die Mahlzeit zwar nicht unbedingt reichhaltig, aber sie erfüllte ihren Zweck. Warum ich Ihnen das erzähle? Weil ich aufgrund meiner großen Erwartung das Kleine, aber durchaus Nützliche, das tatsächlich vorhanden war, überhaupt nicht wahrgenommen habe. Ohne das hilfreiche Pärchen hätte ich die Terrasse wahrscheinlich hungrig und verärgert wieder verlassen.

Selbstverständlich funktioniert das auch umgekehrt. Wir stoßen immer auf das, was wir suchen.

> Wer einen Tiger sucht,
> so sagt man in Shaolin,
> der muss damit rechnen,
> einen zu finden.

Das trifft auch auf Veränderungen zu.

So werden Sie immer jenen Weg gehen, den Sie für sich selbst bestimmen.

In China habe ich zu diesem Thema einmal etwas gelesen, was die Sache wunderbar auf den Punkt bringt. Dort hieß es: »Wenn du zum Beispiel sagst, dass du ein schlechter Tänzer bist, dann versteht dein Verstand das als Realität. Es wird diesen Glauben subtil verstärken, und du wirst wahrscheinlich nicht einmal erkennen, dass es passiert. Wenn du auf der anderen Seite entscheidest, dass du ein Bestsellerautor bist, dann wird dein Verstand auch das verstärken. Er wird anfangen, jene Dinge zu bemerken, die dir helfen, dieses Ziel zu erreichen, und er wird das so lange tun, bis dein Ziel Realität ist.«

Wenn Sie überlegen, ob der Weg, den Sie gehen wollen, am Ende nicht zu groß oder zu schwierig sei, dann sollten Sie sich fragen: Was genau hindert mich an dieser Veränderung?

Falls es allein die Angst ist, dann überprüfen Sie noch einmal Ihren Weg: Liegt er klar definiert vor Ihnen, oder ist er nichts als eine verschwommene Idee, verbunden mit der Hoffnung, dass er sich schon finden wird? Irgendwann, das sollten Sie nie vergessen, müssen Sie den Weg zu jedem Ziel bestimmen, das Sie jemals erreichen wollen. Tun Sie das am besten noch vor dem allerersten Schritt. Denn die größte Verwundbarkeit liegt in der Unwissenheit.

Um das Kapitel zu vertiefen, machen Sie die Übungen auf den folgenden Seiten

Übungen

Wer kann Ihre Veränderungsbereitschaft beeinflussen?

_____

_____

_____

_____

Wie weit kann man einen Weg vorherbestimmen?

_____

_____

_____

Wie weit sollte man es?

_____

_____

_____

Wann darf man von einem einmal bestimmten Weg abweichen?

_____

_____

_____

ÜBUNGEN

Was kann Veränderung unmöglich machen?
Warum?

_____
_____
_____
_____
_____

Warum ertragen Menschen oft lieber etwas, als es zu
verändern?

_____
_____
_____
_____
_____

Welche Gewohnheiten sollten Sie unbedingt einmal
überdenken?

_____
_____
_____
_____
_____

Die Zukunft?
Man ruft sie selbst herbei,
wie man einen geliebten
Menschen oder
ein Tier zu sich ruft.

(Geshe Pema Samten)

6
Der Schritt der Ermächtigung

*Der Schlüssel zur Erleuchtung
liegt nicht darin, zu lernen,
tapfer zu sterben, sondern zu lernen,
es nicht nötig zu haben, tapfer zu sein.*
(Charlotte Joko Beck)

Verstehe, dass du Veränderung entweder selbst gestalten oder aber ertragen musst

»Wer als Erster auf dem Felde ist und das Kommen des Feindes erwartet«, schrieb der chinesische General Sunzi, »der ist für den Kampf ausgeruht; wer als Zweiter aufs Feld kommt und zur Schlacht eilt, der trifft erschöpft ein. Deshalb zwingt der kluge Kämpfer seinem Gegner seinen Willen auf, doch er lässt nicht zu, dass der Gegner ihm seinen aufzwingt.« Eine spannende Einsicht, die mir auch in Shaolin immer wieder begegnet ist. Wo immer es möglich ist, so haben mich die Mönche gelehrt, sollten wir unumgängliche Veränderungen selbst in Angriff nehmen. Denn in Shaolin weiß man schon lange: Wer auf Veränderungen wartet, ist stets demjenigen unterlegen, der sie kontrolliert.

Das bedeutet jetzt natürlich nicht, dass Sie vorbeugend jeden niederschlagen sollen, der Ihnen möglicherweise gefährlich werden könnte. Weder wäre das klug, noch wäre es im Sinne der Mönche von Shaolin. In den vorigen Kapiteln habe ich Ihnen aber immer wieder gezeigt, dass Veränderung meist eher bekämpft als unterstützt wird. Besonders deutlich zu sehen ist das unter anderem überall dort, wo Dienstleistungen in Form eines monatlich zu bezahlenden Abonnements verkauft werden. Während der Abschluss eines solchen Vertrages meist in fünf Minuten erledigt ist, können die Firmen richtig unangenehm werden, wenn der Kunde einmal beschließt, den Anbieter zu wechseln. Mit anderen Worten: Das betreffende Unternehmen wird alles in seiner Macht Stehende tun, um Sie von der Veränderung abzuhalten. Ob aber aus diesen unterschiedlichen Interessen am Ende ein ungleicher Kampf wird oder Sie ohne weitere Diskussionen das Ihnen gesetzlich zustehende Recht der Vertragskündigung in Anspruch nehmen, entscheiden am Ende allein Sie. Es kommt auf Ihre Einstellung an.

> Es ist ein wohlbekanntes Prinzip, dass wir immer dort stehen, wo wir selbst uns hinstellen.

Auch wenn die wenigsten nach diesem Wissen handeln.

Denken Sie nur an ein Thema, das im Zuge der fortschreitenden Digitalisierung immer häufiger diskutiert wird: die Sicherheit des Arbeitsplatzes. Doch wie handelt ein Großteil der Arbeitnehmer, wenn ihnen das Gerücht zu Ohren kommt, dass ihr Arbeitsplatz gefährdet sei? Die wenigsten gehen in die Offensive. Vielmehr sitzen die

Betroffenen wie das Kaninchen vor der Schlange und hoffen, dass nichts allzu Schlimmes passieren wird.

Hier kommt eine Idee ins Spiel, die man in Shaolin als »Ermächtigung« kennt.

> Vereinfacht gesagt, bedeutet Ermächtigung, nicht ständig nur darauf zu warten, was die anderen tun, sondern die Dinge auch einmal selbst in die Hand zu nehmen.

Bezogen auf das Beispiel mit dem Job würde das heißen, sich nicht zu fragen, wie man ohne die Arbeitsstelle weiterleben kann, sondern zu überlegen, was man tun kann, damit sie eben nicht verlorengeht.

Lassen Sie es mich noch einmal klar formulieren: Wenn eines Tages Roboter bei Ihnen anklopfen, um Ihren Arbeitsplatz zu übernehmen, dann haben Sie exakt drei Möglichkeiten: Sie tun etwas dagegen, Sie arrangieren sich, oder Sie gehen unter.

Nichts zu tun, das ist in so einem Fall, als hätten Sie sich während der Planungsphase nicht um Ihr Einspruchsrecht gegen den Verlauf einer neuen Straße gekümmert. Dann müssen Sie diese nach Fertigstellung so hinnehmen, wie sie verläuft.

> Wissen allein, das wird häufig übersehen, genügt nicht. Wir müssen auch nach diesem handeln.

Genauso schwierig wird es dort, wo Menschen zwar etwas können wollen, aber nicht bereit sind, auch etwas dafür zu tun.

> Das größte Potenzial ist nämlich wertlos, wenn Sie sich nicht selbst dazu ermächtigen, es auch zu nutzen.

Dieser Umstand kommt mir besonders dann in den Sinn, wenn ich jemandem erzähle, dass ich sechs Sprachen spreche. Auf die anfängliche Bewunderung folgt dann fast immer der Satz: »Wissen Sie, eine Fremdsprache zu lernen wäre immer mein Traum gewesen. Aber im Gegensatz zu Ihnen fehlt mir da wohl das Talent.« In solchen Situationen frage ich mich manchmal, wie sich die anderen das eigentlich vorstellen. Glaubt denn irgendjemand ernsthaft, dass ein talentierter Mensch plötzlich in der Früh aufwacht und fließend eine neue Sprache spricht? Ich darf Ihnen versichern, dass dem nicht so ist. Auch wenn jedem von uns manches leichter fällt als den anderen, ist, wie schon ein altes Sprichwort sagt, noch kein Meister vom Himmel gefallen. Am Ende bestimmt jeder über seine eigenen Talente, indem er sie sich entweder selbst zugesteht oder sie aus Bequemlichkeit verleugnet.

Schreiben Sie bitte fünf Dinge in Ihr Heft, die Sie schon seit langem unbedingt tun wollten, bis jetzt aber noch nicht getan haben. Notieren Sie dann ehrlich neben jedem einzelnen Punkt, warum Sie nicht genau in diesem Moment mit der Umsetzung beginnen.

Egal, wie Sie Ihr Verhalten vor sich selbst rechtfertigen:

> Etwas nicht zu tun bleibt immer Ihre persönliche Entscheidung.

Auch wenn Sie zum Beispiel eine Veränderung aus Angst vor möglichen Konsequenzen oder aus mangelndem Vertrauen in Ihre Fähigkeiten unterlassen, entscheiden allein Sie, auf diese Art zu handeln. Denn Ihr Selbstwertgefühl und die damit verbundene Fähigkeit zur Ermächtigung entstehen in einem Bereich, auf den keiner außer Ihnen Zugriff hat: in Ihrem Kopf. Der schwedische Regisseur Ingmar Bergman hat einmal gesagt: »Es gibt keine Grenzen. Weder für Gedanken noch für Gefühle. Es ist die Angst, die immer Grenzen setzt.«

Nun klingt die Idee, dass kein anderer auf Ihr Denken zugreifen und Sie manipulieren kann, zunächst einmal toll. Schließlich bedeutet es, dass Sie in Ihren Entscheidungen wirklich frei sind! Doch wo Ihnen niemand dreinreden kann, dort kann Ihnen umgekehrt auch niemand helfen. Wenn Sie sich nicht selbst zu einer Veränderung ermächtigen, kann das niemand anders für Sie tun.

Interessanterweise scheuen Menschen aber oft vor Veränderungen zurück, weil sie das Gefühl haben, vorher jemanden um Erlaubnis fragen zu müssen. Wahrscheinlich nicken Sie jetzt. Haben wir doch genau das von klein auf gelernt!

Als Kinder fragen wir, ob wir die Hausaufgabe mit schwarzer statt mit blauer Tinte schreiben oder den Film am Abend noch sehen dürfen; als Erwachsene holen wir uns die Bestätigung, dass wir den uns gesetzlich zustehenden Urlaub auch konsumieren oder pünktlich bei Dienstschluss nach Hause gehen dürfen.

Ich möchte an dieser Stelle nicht diskutieren, ob diese Regelungen sinnvoll sind, sondern Ihnen den dahinterstehenden Mechanismus verdeutlichen:

> Wir haben uns im Laufe unseres Lebens angewöhnt, ständig irgendeine vermeintliche Autorität um Erlaubnis zu fragen, in dem Glauben, dadurch die Verantwortung für unser Handeln abgeben zu können.

Das kann der Chef sein, ein Gesetz oder eine Gottheit. Unangenehm wird das dort, wo wir niemanden finden, der uns ein bestimmtes Verhalten genehmigen kann.

Dann machen wir nämlich lieber weiter wie bisher, nur um eine möglicherweise falsche Entscheidung nicht vor uns selbst rechtfertigen zu müssen.

Nehmen Sie bitte Ihr Heft zur Hand. Wenn Sie erwartet haben, dass ich Sie jetzt auffordere aufzuschreiben, wer Ihnen die Erlaubnis zu einer Veränderung erteilen könnte, dann muss ich Sie leider enttäuschen. Das kann nur derjenige tun, der Ihr Verhalten am Ende verantworten muss. Und das sind, Sie ahnen es wohl, Sie selbst.

Drehen Sie das Heft bitte ins Querformat und schreiben Sie in Großbuchstaben auf eine neue Seite:

> Nur ich bin für mich verantwortlich.

Trennen Sie dann das Blatt vorsichtig heraus und bringen Sie es an einer Stelle an, die Sie möglichst oft vor Augen haben.

Wann immer Sie von nun an überlegen, wem Sie die Verantwortung für Ihr Verhalten unterjubeln könnten, werfen Sie bitte einen Blick auf diesen Satz.

Selbst wenn es vielleicht den Eindruck macht, heißt das aber keineswegs, dass Sie allein auf dieser Welt sind. Die Menschen um Sie herum sind jedoch nicht alle immer auf Ihrer Seite. Denn auch wenn wir heute mit unseren Gegnern nicht mehr körperlich kämpfen, bedeutet das noch lange nicht, dass sie verschwunden sind. In den beiden voranstehenden Kapiteln habe ich Ihnen gezeigt, dass es immer Menschen geben wird, die versuchen, Sie von Veränderungen abzuhalten. Interessanterweise, und das haben Sie sicher auch selbst schon beobachtet, tun diese das aber nicht bei jedem. Ganz im Gegenteil bekommt man bei manchen Personen den Eindruck, dass deren Änderungswünsche nicht nur widerspruchslos akzeptiert, sondern gleichsam selbstverständlich unterstützt werden. Was macht diese Menschen aus?

Eine Freundin, die als Pädagogin mit Kindern arbeitet, hat mir dazu einmal Folgendes gesagt:

> »Ein Kind sieht sich selbst als das Wichtigste, und daher macht die Welt ihm Platz.«

Nehmen Sie bitte Ihr Heft zur Hand und schreiben Sie fünf Eigenschaften hinein, die solche Menschen in Ihren Augen auszeichnen.

> Was kennzeichnet jemanden, der sich selbst so stark zu Veränderungen ermächtigt, dass ihm sein Umfeld widerstandslos folgt?

Wie aber, so fragen Sie sich jetzt wahrscheinlich, können Sie selbst zu einem »Ermächtiger« werden? Mit etwas Übung ist das ganz einfach. Lassen Sie mich zum besseren Verständnis etwas vorausschicken: Als ich Ende der achtziger Jahre zu reisen begann, war die Welt noch eine andere. Da kein Internet existierte, gab es noch echte Anonymität. Keiner wusste, wer man war, und anders als heute konnte man nicht in kürzester Zeit alles über jede beliebige Person herausfinden. Für uns damals junge Reisende hatte das einen spannenden Vorteil: Fern der Heimat konnten wir uns in jeden beliebigen Menschen verwandeln, der wir sein wollten. Auch wenn es vielleicht so klingt, das war nicht so, als wollte man jemanden belügen. Vielmehr versuchten viele von uns herauszufinden, wie sie die eigene Wirkung auf andere maximieren konnten. Niemand, den wir unterwegs trafen, kannte unsere wahre Geschichte, keiner wusste um unsere Ängste und Schwächen. Lernte man auf der Reise jemanden kennen, konnte man vielmehr in Ruhe ausprobieren, wie das Gegenüber auf einen reagierte, wenn man sich als Student, Autor, Journalist, Rechtsanwalt oder Atomphysiker ausgab. Denn je nachdem, wen die Menschen in einem sahen, waren ihre Reaktionen auf die gleichen Aussagen, Wünsche oder Anordnungen erstaunlich verschieden.

Genau auf dieser Idee beruht nun die folgende Übung. Nehmen wir einmal an, Sie befänden sich in einem Land, in dem niemand Sie kennt. Dort hätten Sie die Möglichkeit, sich völlig neu zu definieren. Welche Person würden Sie erschaffen? Wie wären Sie dann? Welche Wirkung hätten Sie auf Ihre Umwelt? Wie würden die Menschen auf Sie reagieren? *Schreiben Sie das alles in Ihr Heft.* Wenn Sie fertig sind, kehren Sie bitte wieder in die Wirklichkeit zurück und beantworten folgende Frage: Was müssen Sie dort, wo Sie sich gerade tatsächlich befinden, an sich verändern, damit diese Träume Wirklichkeit werden? *Notieren Sie bitte auch das.*

> In diesem Zusammenhang ist es wichtig zu verstehen, dass Menschen bei der Beurteilung einer Situation oder eines Verhaltens immer von sich selbst ausgehen.

Tun Sie beispielsweise etwas, das Ihr Gegenüber nur dann tut, wenn es sich fürchtet, so wird es auch bei Ihnen davon ausgehen, dass Sie Angst haben, wenn Sie das Gleiche tun. Selbst wenn Sie in diesem Moment eigentlich vor Mut und Zuversicht förmlich platzen.

Ich erinnere mich noch gut an eine der ersten Chinareisen, die ich als Reiseleiter geführt habe. Eines Abends klopfte ein empörter Reisegast an meine Zimmertür, um sich lautstark über die unfassbare Überheblichkeit der Chinesen zu beschweren. Sein Zimmer, so erzählte er mir, grenze direkt an das Hotelrestaurant, in dem gerade eine

Feier im Gange war. Weder er noch seine Frau könnten bei dem Lärm schlafen. Also sei er zu den Feiernden gegangen und habe in gebrochenem Englisch versucht, ihnen zu erklären, dass sie die Musik bitte leiser drehen möchten. Ein Unterfangen, das an den fehlenden Englischkenntnissen der Chinesen scheiterte. Vielmehr hatten diese – zumindest nach seiner Wahrnehmung – noch die Frechheit, ihn in Anwesenheit seiner Gemahlin auszulachen! Sein Ärger über dieses vermeintlich ungehörige Verhalten war zu groß, als dass er meine Erklärung akzeptieren konnte: In China ist Lachen nicht ein Zeichen von Schadenfreude, sondern von Verlegenheit. Ganz allgemein zählt in einer Interaktion nicht, was wir mit unserem Verhalten zum Ausdruck bringen wollen, sondern allein, was ein anderer darin sieht.

Denn auch wenn es uns nur in den seltensten Fällen bewusst wird:

> Wir gehen ständig davon aus, dass jeder genauso denkt wie wir.

Lassen Sie mich Ihnen ein Beispiel geben. Angenommen, Sie möchten jemandem mit Ihrem Aussehen imponieren, der in Ihren Augen immer ausgesprochen hässlich gekleidet ist. Wie ziehen Sie sich in so einem Fall an? Passen Sie Ihre Kleidung dem Geschmack Ihres Gegenübers an und treiben diesen auf die Spitze? Oder gehen Sie vielmehr davon aus, dass das, was Ihnen gefällt, auch dem anderen gefallen wird? *Schreiben Sie es bitte auf, woran Sie sich bei Ihrer Kleiderwahl orientieren.*

Nicht nur Geschmäcker sind verschieden, Verhalten und Einstellungen sind es auch.

Daher sollten wir damit aufhören, ständig unsere eigene Meinung bestätigt bekommen zu wollen. Anders ausgedrückt, sparen Sie sich Fragen wie: »Was hältst du denn von dieser Idee?«, wenn Sie nur hören wollen, wie gut der andere Ihr Vorhaben findet. Wir sind nachher höchstens enttäuscht, wenn diese Bestätigung ausbleibt. Das gilt besonders dann, wenn der Befragte nicht direkt von unserem Vorhaben betroffen ist und es nicht gemeinsam mit uns umsetzen muss. Genauso sollten Sie in Zukunft auf Fragen verzichten, die darauf abzielen, nachher sagen zu können: »Du hast doch auch gemeint, dass ich es machen soll!« Meinen Sie, dass Ihnen das wirklich etwas nutzt, wenn Sie mit Ihrem Vorhaben am Ende scheitern?

Der chinesische Philosoph Konfuzius hat einmal gesagt:

> »Von denen einen Rat einzuholen, die nicht den gleichen Weg gehen, ist nutzlos.«

Am Ende wird nämlich jeder, von dem Sie wissen möchten, was er von Ihrer geplanten Veränderung hält, diese Frage von seinem persönlichen Standpunkt aus beantworten. Doch was für den Befragten richtig ist, kann für Sie absolut falsch sein.

So erzählt man sich, dass in einem Dorf ein Mann lebte, der an einem kleinen Stand am Straßenrand Würstchen verkaufte. Da er schwerhörig war, hörte er kein Radio, und da er schlecht sah, las er keine Zeitung. Aber er verkaufte wunderbare heiße Würstchen. Im Laufe der Zeit sprach sich das herum, und so begann die Nachfrage zu steigen. Der Mann investierte in einen größeren Stand, schaffte einen größeren Herd an und kaufte mehr Wurst und Brötchen ein. Als die Arbeit zu viel wurde, bat er seinen Sohn, der an der Universität in der nahen Stadt studierte, um Unterstützung. Doch dieser sah ihn nur an und sagte: »Vater, hast du es denn nicht im Radio gehört? Eine schwere Rezession kommt auf uns zu! Dein Umsatz wird zurückgehen, und du solltest nichts mehr investieren!« Der Vater dachte: »Nun, mein Sohn hat studiert, er schaut täglich Fernsehen, hört Radio und liest regelmäßig Zeitung. Der wird es wohl wissen!« Also reduzierte er den Wurst- und Brötcheneinkauf und sparte an der Qualität der eingekauften Waren. Auch verringerte er seine Kosten, indem er keine Werbung mehr machte. Am schlimmsten aber war, dass die ungewisse Zukunft ihn im Umgang mit den Kunden missmutig werden ließ. Innerhalb kürzester Zeit ging der Absatz an seinem Stand drastisch zurück. »Du hattest recht, mein Sohn«, sagte der Vater resigniert, als sich die beiden das nächste Mal trafen. »Uns steht tatsächlich eine schwere Rezession bevor.«

Ein Beispiel, das zeigt, welche Macht unser Denken hat.

> Das, was Sie regelmäßig denken, »programmiert« Ihr Unterbewusstsein und kontrolliert damit Ihre zukünftigen Impulse.

Deswegen möchte ich Sie noch einmal darauf hinweisen: Seien Sie stets achtsam im Innen wie im Außen, und verstärken Sie nur das durch bewusstes, wiederholtes Denken, was Sie tatsächlich in sich stärken wollen. Nicht von tatsächlichen Umständen, sondern nur von Ihrer Einstellung zu diesen hängt es nämlich ab, wie Sie die Schwierigkeit einer Veränderung einschätzen und ob Sie sich in der Lage sehen, sich selbst zu ihr zu ermächtigen, oder eben nicht. Lassen Sie mich das an einem Beispiel verdeutlichen.

Angenommen, Sie möchten ein Haus kaufen. Ein mit Immobiliengeschäften vertrauter guter Freund hat es Ihnen als echtes Schnäppchen empfohlen. Als Sie zur Besichtigung kommen, eröffnet der Makler diese mit folgenden Worten: »Wie Sie wahrscheinlich bereits gehört haben, wurde das Haus vor kurzem renoviert. Es sind zwar noch ein paar Kleinigkeiten zu tun, aber das können Sie mit Sicherheit selbst erledigen.« Beim Betreten der Immobilie fällt Ihr Blick sehr wahrscheinlich zuerst auf die neuen Fenster, die frisch verputzten Wände und die neu gestrichenen Türen. Das eine oder andere lose Kabelende oder die noch nicht angeschlossene Therme brächten Sie wohl weder aus der Ruhe, noch hielten diese Sie gegebenenfalls vom Kauf ab. Wie anders aber sähe die Situation aus, wenn die Führung durch exakt dasselbe Haus mit folgenden Worten begänne: »Vielleicht sollte ich Sie gleich zu Beginn warnen: Die Immobilie ist zwar günstig, und wir haben auch schon das eine oder andere gemacht, aber bis sie wirklich bewohnbar ist, werden noch einige Investitionen nötig sein.« Diesmal würden Ihnen vor allem die Mängel ins Auge springen. »Sicher, die Wände sind frisch gestrichen und die Fenster neu, aber hier hängt ein Kabel heraus und dort noch eins, und die Therme ist auch nicht angeschlossen, und ...« Wie groß wäre jetzt die Wahrscheinlichkeit, dass Sie die Immobilie, mit deren Kauf Sie tatsächlich gut beraten wären, erwerben? Ich nehme an, sie ginge gegen null.

Ähnlich verhält es sich, wenn Sie überlegen, ob Sie sich zu einer Veränderung, die Sie fachlich gesehen problemlos bewältigen könnten, auch ermächtigen dürfen. Nur dass in diesem Fall der Makler, der Sie durch das Haus Ihres Denkens führt, Sie selbst sind. Achten Sie darauf, mit welchen Worten er Sie begrüßt, und sorgen Sie unbedingt dafür, dass diese dazu angetan sind, Sie zur Ermächtigung zu ermutigen.

> Am Ende bestimmt nämlich die Frage, wie Sie zu sich selbst stehen, maßgeblich Ihren möglichen Erfolg.

Neben den beschriebenen Hürden gibt es noch eine weitere, die viele Menschen von Veränderungen abhält. So höre ich im Gespräch mit Coaching-Klienten recht häufig, dass sich die Menschen in deren Umfeld regelrecht vor den Kopf gestoßen fühlten, sobald jemand versuchte, Dinge zu verändern, die seit einer gefühlten Ewigkeit gleich und daher in den Augen der anderen unveränderbar sind. So stößt jemand, der nach dreißig Jahren einen gutbezahlten Job kündigt und sagt, von nun an als Aussteiger leben zu wollen, auf das gleiche Unverständnis wie ein Ehepaar, das sich nach der goldenen Hochzeit scheiden lässt. Es ist, so pflege ich zu sagen, als würde jemand nach der Endstation einfach weiterfahren. So etwas tut man einfach nicht!

Ich erinnere mich noch gut an die Zeit, als wir uns als Kinder genau diesen Spaß gemacht haben. Bis heute sehe ich die bösen Gesichter der Erwachsenen vor mir, wenn wir nach der »Alle aussteigen!«-Durchsage einfach sitzen geblieben und winkend an den anderen vorbeigefahren sind.

> Wer sich selbst zu Veränderungen ermächtigt, welche die Vorstellungskraft seiner Mitmenschen sprengen, muss damit rechnen, dass ihm sein Umfeld Widerstand entgegenbringt.

In so einem Fall hilft nur eines: entschlossen den eigenen Weg weitergehen.

Denn die Notwendigkeit einer Veränderung einfach zu ignorieren ist, als würden wir rein aus Gewohnheit eine Straße geradeaus weiterfahren, obwohl deren Verlauf sich geändert hat und eine Kurve vor uns liegt. Ich frage Sie: Täten Sie das? Bei der Straße wohl kaum. Dennoch gibt es viele Veränderungen, von denen wir zwar wissen, die wir aber dennoch bewusst ausblenden.

Besonders betrifft das jene Veränderungen, deren Konsequenzen nicht sofort sichtbar sind.

Auch das zeigt sich sehr schön in der Diskussion über die zunehmende digitale Überwachung. Obwohl es sich hierbei um einen massiven Eingriff in die persönliche Freiheit jedes Einzelnen mit kaum abschätzbaren Folgen handelt, scheinen sich die wenigsten daran zu stören. »Sollen sie nur Daten über mich sammeln«, bekomme ich oft zu hören. »Erstens fangen sie nichts damit an, und zweitens habe ich nichts zu verbergen!« Ein Irrtum, dem bereits viele Menschen aufgesessen sind, die plötzlich wegen ihres Glaubens oder ihrer unbequemen politischen Einstellung verfolgt wurden. Doch wo uns der Widerstand gegen jene Menschen, die eine Veränderung verhindern wollen, zu mühsam erscheint, verzichten wir viel zu oft darauf, uns selbst zu ihr zu ermächtigen. Vielmehr beginnen wir, uns die hässliche Situation schön zu lügen und uns einzureden, dass wir auf manches doch ohnehin keinen Einfluss haben. Klar geschehen Dinge, die wir nicht kontrollieren können. Aber sofort danach sind wir wieder selbst dafür verantwortlich, wie es weitergeht. Ermächtigen Sie sich zur Veränderung. Auch ohne die Erlaubnis anderer. Denn gleichgültig, was Ihr Umfeld Ihnen sagt, ist Ihre Zukunft immer das, was Sie aus ihr machen.

Um das Kapitel zu vertiefen, machen Sie die Übungen auf den folgenden Seiten

Übungen

Woran scheitert Ermächtigung?

Wer hat das Recht, Ihnen etwas zu verbieten?

Wer hat das Recht, Ihnen etwas zu erlauben?

ÜBUNGEN

Warum stört es Menschen, wenn andere nach der Endstation weiterfahren?

_____

_____

_____

_____

_____

Mit wem sollte man Veränderungsträume diskutieren?

_____

_____

_____

_____

_____

Sind Sie der Mensch, der Sie sein wollen?

_____

_____

_____

_____

_____

_____

Nimm auf, was kommt,
begleite nach Hause,
was geht, und ist
der Weg frei, stoße vor.

(Anweisung aus dem Wing Tsun)

行必果

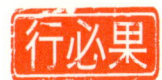

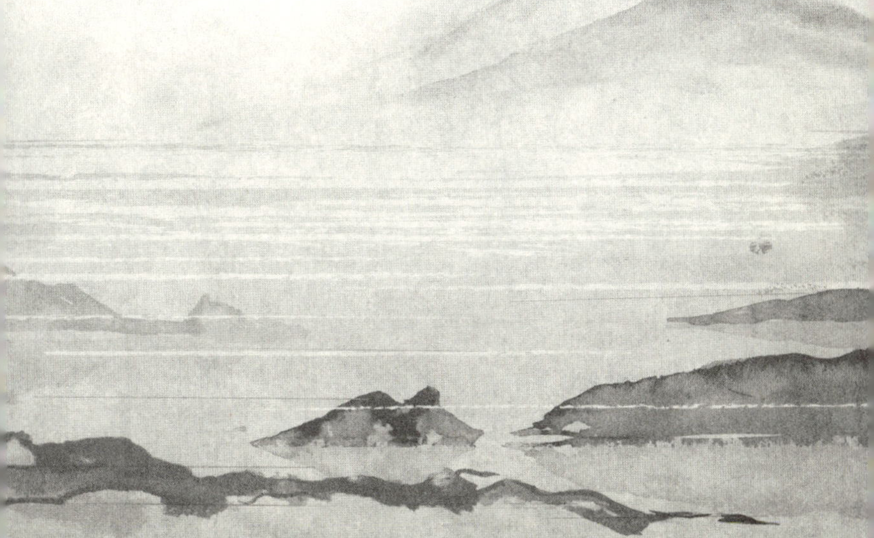

7
Der Schritt der Umsetzung

Kämpfe nicht gegen die Kraft.
Nimm sie in dich auf, und sie fließt.
Nutze sie! (Yip Man)

Verstehe, dass allein das Handeln Träume Wirklichkeit werden lässt

Wenn Sie bei diesem Kapitel angelangt sind, dann haben Sie bereits ein großes Stück auf dem Weg zur Veränderung zurückgelegt. Sie haben verstanden, warum es keine Sicherheit geben kann, kennen Ihre eigene Rolle in diesem Prozess, haben ein Ziel und den Weg dorthin definiert und wissen, wer und was Sie davon abhalten kann, es auch zu erreichen. Dennoch fehlt zur erfolgreichen Veränderung noch das Allerwichtigste, ohne das alles, was Sie bis hierher getan und erkannt haben, sinnlos ist: die Umsetzung in die Tat.

Auch wenn viele bis an diesen Punkt gelangen: Sobald es darum geht, vom Denken zum Handeln zu kommen, straucheln oft sogar jene mit dem stärksten Wunsch nach Veränderung. Dabei ist es allein das Handeln, das einen Traum in Wirklichkeit verwandelt.

Wenn ich Ihnen sage, dass Sie Ihr Leben nur mit einer

Idee und dem Wunsch, es zu verändern, völlig nach Ihren eigenen Vorstellungen gestalten könnten, glauben Sie mir dann?

Lassen Sie mich an einem Beispiel zeigen, dass es so ist. Folgen Sie mir dazu kurz ins amerikanische Kalifornien. Hier wird in einem »Silicon Valley« genannten Tal in der Nähe von San Francisco seit vielen Jahren Computer- und Veränderungsgeschichte geschrieben. Immer noch verwandeln dort junge Menschen Kleinstunternehmen, die sie zum Teil in der elterlichen Wohnung gründen, in Milliarden von Dollar schwere Firmenimperien. Interessanterweise scheint das in der heutigen Zeit sogar noch einfacher zu sein als noch vor ein paar Jahren. Schließlich benötigten die Gründer legendärer Computerhersteller wie IBM oder Apple noch technisches Know-how, das Ihnen möglicherweise fehlt. Heute, so scheint es mir, braucht es vor allem eine tragfähige Idee und die Bereitschaft, sie Realität werden zu lassen.

> Hierbei gilt es zu verstehen, dass selbst die stärkste Vision erst dann zu leben beginnt, wenn sie auch umgesetzt wird.

Dann kann man sogar als Studienabbrecher mit einer einfachen, von einem Freund programmierten Internetseite zum Milliardär werden, wie das Beispiel »Facebook« eindrucksvoll zeigt.

Doch obwohl all diese wunderbaren Möglichkeiten theoretisch jedem von uns offenstehen, sind in der Praxis nur die wenigsten in der Lage, sie auch tatsächlich für sich zu nutzen. Denn sobald es darauf ankommt, mit dem Handeln zu beginnen, scheitern viele an einem einfachen Sachverhalt:

> Man trifft die Entscheidung zu einer Veränderung ganz oder gar nicht.

Da gibt es nichts dazwischen. Oder haben Sie schon einmal eine Hose, die Sie zwar sehr gerne haben wollten, obwohl sie Ihnen eigentlich viel zu teuer erschien, nur teilweise gekauft? Wohl kaum. Vielmehr verzichten Sie bis zu dem Zeitpunkt, an dem Sie sich anders entscheiden. Sie handeln vorerst nicht.

Statt eine Entscheidung zu treffen, beschäftigen Sie sich vielmehr tagelang mit der Frage, ob Sie wirklich so viel Geld für dieses Kleidungsstück ausgeben sollten. Egal, wie Sie sich am Ende entscheiden, kostet Sie Ihre Unfähigkeit, diesen Prozess abzuschließen, eine Menge Energie und Zeit.

Nun ist Zeit etwas, was wir bei der Umsetzung einer einmal beschlossenen Veränderung nicht haben.

> »Langes Überlegen«, so heißt es im Hagakure, »stumpft den scharfen Rand einer Entscheidung ab.«

In sieben von zehn Fällen stellen sich die Dinge, die zögerlich ausgeführt wurden, als falsch heraus.

Auch ein Shaolin-Mönch, der sich dazu entschlossen hatte, gegen einen Gegner vorzugehen, musste sein Vorhaben umgehend umsetzen. Schließlich kannte er einzig im Moment der Entscheidung die tatsächlichen Bedingungen. Bereits fünf Minuten später konnte der Feind Hilfe geholt haben und die Situation eine völlig andere sein.

Sosehr aber dies in der Theorie bekannt zu sein scheint, so anders stellt es sich in der Praxis dar: Auch eine fix getroffene Entscheidung ist oft noch kein ausreichender Handlungsgrund.

Im Laufe vieler Beratungsgespräche habe ich erkannt, dass immer die gleichen Dinge die Menschen davon abhalten, Veränderungen tatsächlich Wirklichkeit werden zu lassen.

Wer etwas verändern möchte, muss daher verstehen, was ihn davon abhält, den ersten Schritt zu tun, und wissen, wie er dieser »Umsetzungshemmer« Herr werden kann.

> So ist ein entscheidender Faktor für das Gelingen einer Veränderung immer die Kraft, die wir in ihre Umsetzung investieren.

Diese hängt jedoch proportional davon ab, wie stark wir an das Gelingen einer Sache glauben.

In Shaolin demonstrierte man diesen Sachverhalt an einem einfachen, aber eindrucksvollen Beispiel: dem sogenannten Bruchtest. Hierbei wurde der Prüfling aufgefordert, hintereinander zwei Bretter mit der Handkante zu durchschlagen, die sich durch ihre Stärke unterschieden. Während das eine so dünn war, dass auch ein leichterer Schlag genügt hätte, um es zu zerbrechen, wirkte das um einiges dickere zweite Brett selbst auf einen geübten Schüler fast unzerstörbar. Versetzen Sie sich nun in die Situation eines jungen Mönches, der diesen Test durchführen soll: Auf welches der beiden Bretter schlagen Sie stärker ein? Auf das dünne, von dem Sie sicher sind, es durchtrennen zu können? Oder auf das dicke, dessen alleiniger Anblick in Ihnen Zweifel weckt? *Schreiben Sie es bitte in Ihr Heft.* Schreiben Sie daneben, welches Brett mehr Kraft benötigt hätte, damit es zersplittert. Ist es das, auf welches Sie fester einschlagen? Wahrscheinlich nicht.

Warum aber verhalten wir uns in solchen Situationen fast schon vorhersehbar unlogisch?

> Energie, so sagt man in Shaolin, folgt der Absicht.

Eine oft übersehene Tatsache, die in dem Beispiel mit dem Bruchtest verständlich wird. Im ersten Fall haben Sie an ein Gelingen geglaubt. Da es folglich Ihre klare Absicht war, das Brett zu zerstören, haben Sie entsprechend fest zugeschlagen. Im zweiten Fall aber lag Ihr Augenmerk und damit Ihre Kraft auf etwas ganz anderem: Sie wollten sich nach Möglichkeit nicht verletzen. Also haben Sie Ihre Gedankenenergie darauf hingeleitet, den Schlag möglichst nicht zu kraftvoll ausfallen zu lassen, und sind in der Folge natürlich an der Aufgabe gescheitert, das Brett zu zerstören.

Nun verringern interessanterweise Menschen, die nicht an das Gelingen einer Sache glauben, nicht nur ihre eigene Energie. Vielmehr neigen sie dazu, auch andere davon abzuhalten, etwas für sie zu verändern. Das ist unsinnig, denn die Natur hilft uns viel eher bei einer Veränderung als dabei, einen Zustand unverändert zu belassen. Selbst wenn Sie beispielsweise zu faul sind, das Geschirr nach dem Abwaschen abzutrocknen, so ist das Einzige, das Sie tun müssen, den Dingen ihren Lauf zu lassen. Falls Sie es nicht aktiv verhindern, wird das Geschirr nämlich von selbst trocken werden. Was jedoch im Haushalt ganz offensichtlich ist, scheint gerade in Unternehmensumgebungen nicht immer selbstverständlich zu sein. Wie oft habe ich mitbekommen, dass Mitarbeiter den Chef förmlich angefleht haben, eine Veränderung wenigstens umsetzen zu dürfen, wenn es schon keine Unterstützung von oben gäbe.

> Falls Sie selbst ein schlechter Veränderer sind, sorgen Sie zumindest dafür, dass Ihr Umfeld nötige Veränderungen umsetzen kann, und achten Sie bewusst darauf, es nicht zu verhindern!

Denn derjenige, so lautet schon ein altes Sprichwort, der sagt: »Es geht nicht«, soll nicht den stören, der es gerade tut.

Das beantwortet auch die Frage, wie Sie persönlich es schaffen können, dem Beschluss zu einer Veränderung auch Taten folgen zu lassen: indem Sie verstehen, dass dieses Unterfangen meist nicht an der vorhandenen, sondern vielmehr an der eingesetzten Kraft scheitert. Nun ist mangelnde Energie aber nicht das Einzige, was uns davon abhalten kann, Dinge auch umzusetzen.

Stellen Sie sich einmal vor, Sie hätten beschlossen, Ihr Leben komplett zu verändern und von nun an Ihr Geld als Romanautor zu verdienen. Sie haben einen Verlag gefunden, die grobe Geschichte steht, und nun machen Sie sich daran, den Plan in die Tat umzusetzen und das Buch auch zu schreiben. Doch nach wenigen Seiten passiert etwas, das wohl jeder Schreibende kennt: Sie wissen nicht mehr weiter. Egal, wie sehr Sie sich auch den Kopf zermartern, Sie haben keine Idee, mit welcher Begründung Sie Ihren Helden an jenen Platz schicken sollen, an dem ihn sein Schicksal erwarten wird. Was also tun Sie? Am einfachsten erscheint es in so einer Situation, schlicht nichts zu tun und abzuwarten, ob die Blockade nicht von selbst vorübergeht. Dummerweise ist diese Option gerade dann, wenn Ihnen das Schreiben ohnehin nicht so leichtfällt wie erwartet, gleichzeitig die bequemste. Meinen Sie aber, dass dieses Warten hier wirklich zum Erfolg führt? *Notieren Sie bitte die Antwort in Ihr Heft.*

Lassen Sie uns die Sache einmal andersherum betrachten: Wohin gelangen wir, wenn wir einfach stehenbleiben und im Wortsinn auf bessere Zeiten warten?

> Gerade dort, wo Veränderungen uns so richtig mühsam erscheinen, ist es unabdingbar, dass wir an ihnen dranbleiben.

Einen Profi, so hat die amerikanische Managerin Laurie Beth Jones einmal gesagt, können wir als jemanden definieren, der sich auch dann Mühe gibt, wenn ihm nicht danach ist. Ein erfolgreicher Veränderer ist jemand, der Hemmnisse nicht als Ausrede dafür verwendet, eine Veränderung bleibenzulassen, sondern der sie umgehend beseitigt und dann mit der Umsetzung fortfährt.

Genauso lässt ein professioneller Autor die unklare Stelle für den Moment beiseite und arbeitet an einem anderen Kapitel weiter.

Dies ist auch ein Beispiel für den anderen, sehr starken Umsetzungshemmer, den ich im vorangehenden Kapitel beschrieben habe:

> Sobald wir nicht ganz sicher sind,
> eine Veränderung auch tatsächlich zu wollen,
> sind wir offen für alles, was uns von ihr abrät.

Erstaunlich schnell reift dann in uns die Einsicht, dass es doch besser wäre, die Dinge so zu lassen, wie sie bisher waren. So weiß jeder, der jemals ein Buch geschrieben hat, aus eigener Erfahrung, dass es hier einen riesigen Unterschied zwischen der theoretischen Konzeption und der praktischen Umsetzung gibt. Es liegen Welten zwischen dem Fabulieren über den Inhalt und dem konkreten Verfassen des Textes. Ein Autor, der von sich behauptet, dass er während des Schreibens noch nie am richtigen Weg gezweifelt hat, ist entweder unreflektiert oder lügt sich selbst in die Tasche.

Genau an der Stelle aber, an der den Hobby- wie den Profischreiber hämisch die leere weiße Seite angrinst, trennt sich die Spreu vom Weizen. Während die einen darüber sinnieren, dass ihnen für den heißersehnten Autorenberuf leider aber eben doch das Talent fehle, machen die anderen einfach weiter. Häufig hat dieses selbsthemmende Verhalten aber auch etwas damit zu tun, dass wir bewusst oder unbewusst Veränderungen an Bedingungen knüpfen.

Auf einmal reicht es nicht aus, das zu tun, was uns Freude macht. Vielmehr muss sich, wenn wir denn schon etwas verändern, gleich der ganz große Erfolg einstellen. Ansonsten, so meinen wir, könnten wir doch einfach auf dem alten Weg bleiben. Wie nicht zuletzt am Beispiel des Bogenschützen in Kapitel drei gezeigt, muss ein guter Veränderer eine Veränderung vor allem um ihrer selbst willen beginnen.

In diesem Zusammenhang erzählte der Tennisspieler André Agassi einmal, dass er seine großen Erfolge von dem Moment an errungen habe, als er nur noch auf den Court ging, um Spaß zu haben. Veränderungen gelingen viel leichter, wenn wir diese mit Vergnügen statt mit verbissenem Ernst betrachten, indem wir uns immer wieder die wunderbare Tatsache vor Augen führen, zu ihnen überhaupt imstande zu sein.

Stellen wir an eine Veränderung jedoch erst einmal eine Bedingung, müssen wir mit einer weiteren Schwierigkeit rechnen: der Befürchtung, diese am Ende nicht erfüllen zu können.

Doch gerade die Angst, die schon die Shaolin-Mönche als

unseren größten Feind bezeichnet haben, ist wahrscheinlich für mehr »Veränderungs-Leichen« verantwortlich als alle anderen Hemmnisse zusammen.

Der japanische Schwertkämpfer und Zen-Meister Takuan Soho schreibt dazu Folgendes: »Wenn ihr in dem Augenblick, da ihr das Schwert bemerkt, das euch treffen will, auch nur einen Gedanken daran verschwendet, dem Schwert dort zu begegnen, wo es eben gerade ist, so wird euer Geist bei ihm haltmachen in ebendieser Position, eure eigenen Bewegungen werden unterbunden, und euer Gegner wird euch niederstrecken. Es ist das, was wir mit ›Anhalten in Unwissenheit‹ meinen. Wenn aber in dem Augenblick, da ihr das Schwert seht, welches euch treffen will, euer Geist nicht von ihm festgehalten wird und ihr im Rhythmus des heransausenden Schwertes bleibt; wenn ihr nicht daran denkt, euren Gegner zu treffen, und wenn keine Gedanken und Urteile bleiben; wenn in dem Augenblick, da ihr das heransausende Schwert seht, euer Geist nicht im Geringsten festgehalten wird und ihr augenblicklich handelt und dem Gegner das Schwert entwindet – so wird das Schwert, das euch niederstrecken sollte, euer werden und wird nun das Schwert sein, das euren Gegner niederstreckt.«

> Fixieren wir uns mental
> zu sehr auf unsere Bedingungen
> und darauf, »was alles schiefgehen könnte«,
> werden wir nie beginnen, eine
> Veränderung in Angriff zu nehmen.

Was ich an der Angst-Thematik besonders interessant finde, ist, dass wir diese Furcht nicht überall gleich spüren. Im ersten Kapitel habe ich Ihnen beispielsweise die Frage gestellt, ob Sie ein Reiseziel entweder auf der zumindest bis zu einer Abzweigung gut ausgebauten Straße oder aber auf einem viel kürzeren, dafür aber dem ersten Anschein nach nicht so komfortablen Weg erreichen wollen. Nehmen wir nun an, Sie entscheiden sich für die kürzere Strecke, die Sie bis dato noch nie gefahren sind. Welche Emotionen steigen in Ihnen auf? Fürchten Sie sich? Ich meine, die Straße könnte ja plötzlich enden und Sie einen Abhang hinunterstürzen! Ich denke dennoch, dass Sie ein solch katastrophales Ende dieser Veränderung für eher unwahrscheinlich halten. Aber warum halten Sie es dann woanders für wahrscheinlich? *Bitte notieren Sie Ihre Antwort.*

Ich habe mir angewöhnt, mir bei jeder Veränderung, die ich allein aus Furcht vor der Zukunft nicht angehe, zu überlegen, was das Schlimmste ist, das eintreten könnte. Gibt es bei Ihnen etwas, vor dem Sie sich aktuell drücken? *Dann schreiben Sie jetzt bitte* jene drei Punkte auf, die Ihnen am meisten Angst machen. Versuchen Sie so konkret als möglich zu definieren, was im schlechtesten Fall passieren kann, und notieren Sie jeweils daneben, was Sie dann tun werden. Schreiben Sie bitte darunter, was schlimmstenfalls passieren kann, wenn Sie weitermachen wie bisher – und notieren Sie daneben, was Sie so sicher macht, dass genau das nicht eintreten wird.

Wie aber können wir nun unsere Angst vor einer Veränderung überwinden? Indem wir ehrlich die Alternativen in Augenschein nehmen. Ich erinnere mich noch gut, dass ich vor einiger Zeit die fast 450 Meter senkrecht aus dem Meer aufragenden Felsen von Los Gigantes auf Teneriffa betrachtet habe. Irgendwann begann ich darüber zu sinnieren, wie es wohl wäre, wenn meine einzige Möglichkeit zur Flucht über diese steile Felswand führte. Am Anfang, so dachte ich mir, wäre es wohl noch kein Problem. Doch je weiter hinauf ich käme, desto größer würde das Risiko. Ein kleiner Fehler in einer Höhe von 300 Metern hätte zwangsläufig einen Sturz in den Tod zur Folge. Was aber, so überlegte ich weiter, wäre die Alternative? Im stürmischen Meer vor dem Felsen zu ertrinken?

Wenn Sie das nächste Mal die Umsetzung einer Veränderung aufschieben, beobachten Sie einmal ehrlich aus der Distanz, womit Sie mehr Zeit verbringen: damit, Gründe zu finden, den ersten Schritt aufzuschieben – oder damit, sich zu überlegen, wie Sie die Veränderung Wirklichkeit werden lassen können?

Tendieren Sie dazu, über Aufschub nachzudenken, sollten Sie sich ernsthaft fragen, ob Sie die Veränderung wirklich wollen.

Meinen Klienten hilft es hier oft, wenn ich sie auffordere, »wie ein Computer zu denken«. Wie Ihnen wahrscheinlich bekannt ist, gibt es bei diesen Geräten keine Kompromisse. Schließlich kennen sie nur zwei Zustände: null und eins. Etwas findet statt – oder eben nicht. Um es ihnen gleichzutun, zerlegen Sie nun den Weg zu Ihrer Veränderung in zehn kleine Schritte. *Notieren Sie wirklich alles,* was Ihrer Meinung nach nötig wäre, um das Ziel zu erreichen.

Möchten Sie zum Beispiel den Tag ab sofort mit Sport beginnen, dann sollten in Ihrem Heft auch Dinge stehen wie: »Eine Stunde früher aufstehen« oder »Abends früher ins Bett gehen«. Anschließend schreiben Sie neben die Schritte, die Sie tatsächlich tun wollen, eine Eins, und neben jene, bei denen Sie nicht ganz sicher sind, eine Null. Wenn Sie damit fertig sind, schauen Sie, wo die Einser stehen. Das sind die Schritte, mit denen Sie Ihren Veränderungsprozess beginnen sollten. Stehen auf dem Papier aber lauter Nullen, dann haben Sie entweder nicht ordentlich nachgedacht oder keinen echten Bedarf, etwas zu verändern.

Schreiben Sie anschließend auf ein neues Blatt, wie es konkret weitergehen soll. Sie können das natürlich auch im Kopf machen, vor allem bei größeren Veränderungen rate ich Ihnen aber dringend zu schriftlichen Notizen. Diese haben nicht nur den Vorteil einer gewissen Verbindlichkeit, sondern zwingen Sie dazu, ernsthaft über Ihr Vorhaben nachzudenken. Denken Sie daran, das große Ziel in viele kleine aufzuteilen und jeweils genau dazuzuschreiben, woran Sie erkennen, dass Sie angekommen sind.

Sie erinnern sich sicher noch: Wenn wir ohne Ziel spazieren fahren, dann kurven wir eine Zeitlang herum, um uns alsbald wieder auf den Nachhauseweg zu machen. Dann ist die Endstation gleich dem Ausgangspunkt, und Sie haben nichts erreicht.

Wo es von der Zieldefinition zur Umsetzung geht, sollten Sie also zwei Dinge besonders beachten: Erstens, dass es unerlässlich ist, von Anfang an möglichst weit in die Zukunft zu denken und auch größere Ziele zu definieren. Sonst geht es Ihnen irgendwann wie jenen Menschen, die eine Fremdsprache nur sehr fehlerhaft sprechen, weil ihnen eines Tages die Erkenntnis, sich auch so verständigen zu können, die Motivation zum Weiterlernen genommen hat. Zweitens müssen Sie darauf achten, die Entscheidung für die weiteren Schritte niemals in einem emotional unausgeglichenen Zustand zu treffen.

Speziell in der fast jeden neuen Veränderungsprozess begleitenden anfänglichen Freude neigen wir nämlich dazu, unsere Möglichkeiten zu überschätzen, was uns meist nach kurzer Zeit zum Verhängnis wird.

Ich habe das bei mir selbst gesehen, als ich vor über zwanzig Jahren das erste Mal begonnen habe, mich mit der chinesischen Schrift zu beschäftigen. In meiner Euphorie nahm ich mir vor, jeden Tag zehn der etwa viertausend zumindest nötigen Zeichen zu lernen. Alles darunter erschien mir sinnlos. Lernte ich nämlich, so meine Überlegung, nur ein oder zwei Zeichen pro Tag, wäre ich selbst nach einem Jahr noch nicht einmal in der Lage, auch nur rudimentär eine Zeitung zu lesen. Natürlich kam es, wie es kommen musste. Nach knapp einer Woche hatte ich das erste Mal zu wenig Zeit zum Lernen. Da ich aber mein Ziel nicht verfehlen wollte, verringerte ich nicht etwa das geplante tägliche Lernpensum, sondern ich lernte gar nichts und verschob alles auf den nächsten Tag. Den Rest können Sie sich wahrscheinlich denken. Die Tatsache, dass ich heute recht gut Chinesisch lesen und schreiben kann, verdanke ich vor allem einer Einsicht:

Kleine Schritte führen vielleicht spät zum Ziel, keine Schritte aber nie.

Die Idee, sich sehr bewusst für die Umsetzung einer Veränderung zu entscheiden, hat aber noch einen weiteren Vorteil: Sie ermöglichst uns, jenes wunderbare Hilfsmittel zu nutzen, das uns die Natur für jeden Start an die Hand gegeben hat: die Aufbruchsstimmung.

> Schon das Wissen um eine bevorstehende Veränderung versetzt uns in eine ganz eigene Stimmung.

Besonders schön kann man ihre Wirkung am Beispiel der »Abreisetage« sehen. Ich meine damit jenen Zeitpunkt, an dem wir entweder Richtung Urlaub aufbrechen oder von dort wieder nach Hause fahren. Rufen Sie sich bitte einmal einen solchen Tag ins Gedächtnis. Während die anderen in völliger Ruhe ihrer Büroarbeit nachgehen oder die Schwimmsachen für den Strand vorbereiten, sind wir, kurz bevor es losgeht, meistens euphorisch und aufgekratzt. Ein Zustand, den auch das Wort »Reisefieber« recht treffend beschreibt.

Um zu verstehen, wie stark diese Kraft hinter einer bevorstehenden Veränderung tatsächlich ist, stellen Sie sich bitte folgende Situation vor: Sie sitzen in einem Flugzeug, das in wenigen Minuten abheben soll, Ihr Urlaub ist fast schon in Sicht. Der Flieger ist bereits startklar, als Sie plötzlich eine Durchsage des Piloten aus Ihren Träumen reißt: »Aufgrund eines technischen Problems wird sich der Abflug leider um unbekannte Zeit verzögern. Wir ersuchen Sie, das Flugzeug wieder zu verlassen, und informieren Sie so bald wie möglich über den weiteren Ablauf.« *Schreiben Sie bitte in Ihr Heft,* was Ihnen jetzt durch den Kopf ginge. Jene Kraft, die Sie als unsagbare Enttäuschung spüren, ist umgekehrt auch da, wo es darum geht, Veränderung in Ihrem Leben Wirklichkeit werden zu lassen.

> Entdecken Sie sie, nutzen Sie sie,
> und alles wird so fließen, wie es muss.

Um das Kapitel zu vertiefen, machen Sie die Übungen auf den folgenden Seiten

Übungen

Warum lässt auch die stärkste Umsetzungseuphorie irgendwann nach?

_____

_____

_____

Wie äußert sich dieses Nachlassen bei Ihnen? Was tun Sie dann dagegen?

_____

_____

_____

Was haben die Dinge gemeinsam, die Ihnen Angst machen?

_____

_____

Welches Gefühl erzeugt bei Ihnen der Satz: »Ich würde es ja gerne verändern, aber …«?

_____

_____

_____

Verwenden Sie ihn selbst?

_____
_____
_____

Gehen Sie mit allen Widerständen gleich um? Ist das sinnvoll?

_____
_____
_____

Auf welche drei Ihrer Veränderungen sind Sie besonders stolz?

_____
_____
_____

Was bedeutet »über sich hinauswachsen«?

_____
_____
_____
_____
_____

An der Vordertür
wehrst du den Tiger ab,
und durch die Hintertür
kommt der Wolf ins Haus.

(Aus China)

行必果

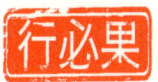

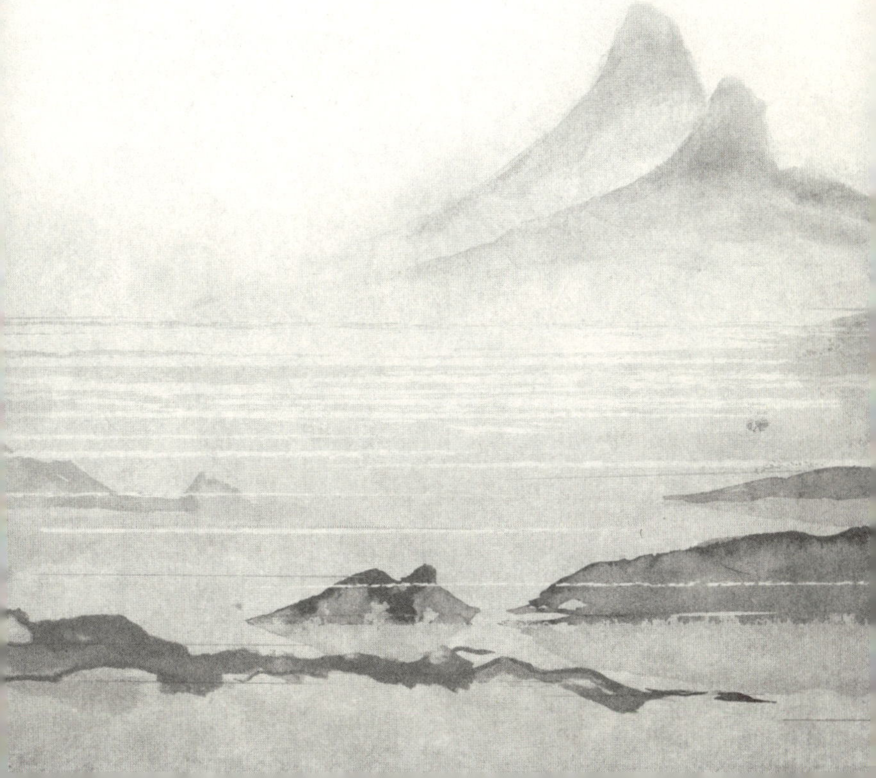

8
Der Schritt zur Nachhaltigkeit

Wenn du etwas tust, verbrenne dich ganz.
Wie in einem Freudenfest,
keine Spur soll von dir bleiben.
(Daisetz Teitaro Suzuki)

Verstehe, dass jede Veränderung eine Investition ist, die sich erst auf längere Sicht rechnet

»Geh zum Fluss und hol mir eine Tasse Wasser«, sagte der Zen-Meister zu seinem Schüler. Als der Schüler am Fluss die Tasse mit Wasser füllte, sah er flussaufwärts eine wunderschöne Frau in seinem Alter. Die Frau nahm ihn ebenfalls in Augenschein, und mit einem Mal verliebten sie sich unsterblich ineinander. Er zog zu ihr auf das Gut ihrer Familie in einem ruhigen Dorf, und sie bauten ein Haus. Über die Jahre wurden ihnen Kinder geboren. Sie waren glücklich miteinander und ernährten sich von der Landwirtschaft, die sie betrieben.

Eines Tages kam eine Flut. Das Dorf wurde überschwemmt, und er musste sich mit seiner Familie auf das Dach des Hauses retten. Da zog ein großer Sturm auf. Seine Kinder wurden eins nach dem anderen vom reißenden

Wasser fortgerissen, und schließlich ertranken sie darin. Auch seine Frau wurde fortgespült und kam in den Fluten um. Als der Sturm sich legte, saß er einsam und verzweifelt zusammengekauert auf dem Dach seines Hauses. Er starrte in die Luft. Ein Alptraum – nach all den glücklichen und schönen Jahren!

Da legte sich von hinten eine Hand auf seine Schulter. Es war die Hand seines Meisters, der ihn fragte: »Wo bleibst du so lange? Wolltest du nicht bloß eine Tasse Wasser holen?«

Eine Geschichte, die man auf sehr unterschiedliche Art interpretieren kann. Für mich ist sie vor allem ein schönes Beispiel dafür, was passiert, wenn man eine Veränderung nicht bewusst umsetzt:

> Wer nur deshalb etwas anders macht, weil es sich eben gerade so ergibt, der kehrt irgendwann wieder zum Ausgangspunkt zurück.

Sie können sich das vorstellen, als würden Sie eines Tages auf dem Weg zur Arbeit gezwungen, eine Umleitung zu fahren. Unterwegs stellen Sie erstaunt fest, dass dieser Weg eigentlich viel besser ist als derjenige, den Sie sonst immer nehmen. Wie oft aber werden Sie in der Zukunft diese Strecke tatsächlich fahren, wenn Sie sich das nicht ganz bewusst vornehmen?

Wir Menschen können zwar dort, wo es nötig ist, sehr rasch mit verändertem Verhalten auf eine Situation reagieren, selbst wenn uns das nicht immer leichtfällt. Genauso schnell machen wir solche Veränderungen aber auch wieder rückgängig und kehren zur gewohnten Handlungsroutine zurück.

> Denn selbst Veränderungen,
> die uns gefallen, kosten Energie.

Während unser Gehirn einen Großteil der Dinge, die wir täglich tun, unbewusst, also gleichsam ohne unser Zutun, bewältigt, erfordert bewusstes Verhalten Konzentration.

Die meisten Autofahrer beispielsweise haben kein Problem, sich während der Fahrt mit einem Beifahrer zu unterhalten. Zumindest, solange ihnen die Strecke, auf der sie unterwegs sind, bekannt ist. Kommen sie aber in eine Gegend, in der sie sich nicht auskennen oder in der die Verkehrsführung geändert wurde, sieht die Sache plötzlich anders aus: Dann kann selbst laute Musik schon störend wirken.

Das Wissen um diesen Energieaufwand ist nun für viele Menschen ein Grund, Veränderungen entweder von vornherein aus dem Weg zu gehen oder diese nach kurzer Zeit wieder einzustellen. Ein Verhalten, das aus Sicht der Betroffenen durchaus verständlich ist. Schließlich ist eine Veränderung, die uns auf Dauer mehr Energie kostet, als sie uns spart, nicht nur sinnlos, sondern ab einem gewissen Zeitpunkt sogar schädlich.

Hier kommt nun der Begriff der »Nachhaltigkeit« ins Spiel. Anders als vielleicht vermutet, bedeutet der Ausdruck ursprünglich nicht, dafür zu sorgen, dass eine Sache möglichst langfristig erhalten bleibt. Vielmehr bedeutet diese aus der Forstwirtschaft stammende Idee, nicht mehr von etwas wegzunehmen, als nachwachsen kann. Ein Umstand, den die Chinesen in einem schönen Sprichwort auf den Punkt bringen:

> »Wenn du den Teich leer fischst, machst du vielleicht einen guten Fang. Aber es gibt im nächsten Jahr keine Fische mehr.«

Geben Sie ständig mehr Geld aus, als Sie einnehmen, werden Sie ebenso rasch in die Pleite schlittern, wie ein verschwenderischer Umgang mit Energie Sie irgendwann ins Burn-out treibt. Veränderungen können nur dann auf Dauer Bestand haben, wenn wir auf dem Weg dorthin bewusst darauf achten, unsere Kraft nicht für sinnlose Abweichungen zu vergeuden.

Das ist umso wichtiger, als es sich am Anfang bei ausnahmslos jeder Veränderung um eine Investition handelt, die sich erst auf einen längeren Zeitraum rechnet.

> Wir erhalten den Lohn für unsere Mühen nämlich erst, sobald es uns gelingt, das neue Verhalten zu einer Selbstverständlichkeit werden zu lassen.

Geben wir früher auf und kehren zum Ausgangszustand zurück, dann ist im schlimmsten Fall alles verloren, was wir bis hierher investiert haben.

Lassen Sie mich das am Beispiel des Fahrradfahrens zeigen. Auch hier scheint es uns anfangs sehr mühsam, gleichzeitig das Gleichgewicht zu halten, zu lenken, in die Pedale zu treten und auf den Weg zu achten. Oftmals ist die erforderliche Anstrengung so groß, dass wir am liebsten aufgeben würden. Aber was hätten wir dann unter großem Energieaufwand gewonnen? Nichts. Sobald wir aber erst einmal in der Lage sind, ohne fremde Hilfe auf einem Drahtesel unterwegs zu sein, steht uns diese Fähigkeit für den Rest unseres Lebens zur Verfügung.

> Jede Veränderung ist am Anfang mühsam. Alles, so sagt man in Shaolin, ist schwer, bevor es leicht wird.

Unglücklicherweise fehlt uns aber gerade dort, wo wir sie am meisten bräuchten, die Phantasie, um die gelungene Veränderung schon zu Beginn unserer Bemühungen vor Augen zu haben.

> Denn wer am Anfang eines Weges steht, sieht diesen immer anders als derjenige, der auf ihn zurückblickt.

Ich habe darüber vor einiger Zeit mit einem lieben Freund diskutiert, der als professioneller »Strongman« zu den stärksten Männern der Welt gehört. Als unser Gespräch darauf kam, dass er in Wettbewerben Gegenstände mit einem Gewicht von bis zu vierhundert Kilogramm durch die Gegend trägt, wollte ich von ihm wissen, ob es für ihn von Anfang an selbstverständlich gewesen sei, einmal diese Klasse zu erreichen. Kopfschüttelnd meinte er: »Nein. Zu Beginn konnte ich nicht einmal fünfzig Kilo heben.« – »Und heute?«, fragte ich ihn daraufhin. »Heute«, meinte er lachend, »wärme ich mich mit diesen Gewichten auf, aber so etwas hätte ich mir früher nicht einmal zu träumen gewagt.«

Nehmen Sie bitte Ihr Heft und schreiben Sie drei Veränderungen hinein, die Sie am Anfang für undurchführbar hielten und über die Sie heute lächeln.

> Eine der wichtigsten Voraussetzungen dafür, dass eine Veränderung langfristigen Bestand hat, ist, dass wir uns auch tatsächlich ganz bewusst für sie entscheiden.

Alles andere wäre, als würden wir den Umstieg vom Dreirad auf das Fahrrad nicht wirklich schaffen und ein Leben lang mit Stützrädern fahren. So werden viele Veränderungen, die man einmal probeweise macht, am Ende Provisorien fürs Leben. Das liegt vor allem daran, dass wir uns nicht mit ganzer Kraft etwas Neuem widmen, wenn wir nicht bereit sind, das Alte loszulassen. In Shaolin sagt man: »Auf einem Berg können nicht gleichzeitig zwei Tiger existieren.« Genauso wenig kann sich ein Mensch dauerhaft auf zwei Arten gleichzeitig verhalten. Irgendwann beginnen die beiden sich zu bekämpfen, und gewinnen wird jene, die schon immer da war: Die Gewohnheit siegt.

Umgekehrt verschafft uns aber gerade die klare Entscheidung für eine Veränderung eine erstaunliche Freiheit, wie ich auch immer wieder bei mir selbst feststelle. Als ich vor einigen Jahren aus freien Stücken meinen Lebensmittelpunkt in ein anderes Land verlegt habe, war für mich klar, dass die Trennung endgültig sein sollte. Also kündigte ich die Wohnung, löste die Firma auf und trennte mich auch sonst von allem, was mich davon hätte abhalten können, mich auf meine neue Lebenssituation zu fokussieren. Zwei oder drei Jahre nach diesem Umzug hatte ich ein Gespräch mit einer Freundin, die mich fragte, was ich denn täte, wenn ich einmal nicht mehr in meiner Wahlheimat bleiben könne. In diesem Moment wurde mir schlagartig die Kraft bewusst, die in einer Veränderung ohne Wenn und Aber steckt. »In diesem Fall«, war nämlich meine Antwort, »packe ich meine Sachen und gehe woanders hin. Ich habe mich hier eingelebt, und ich werde es woanders auch wieder tun.«

Nie zuvor habe ich es so bewusst gespürt wie in diesem Moment:

> Eine bis zum Ende durchgeführte
> Veränderung macht uns frei.

Verstehen Sie mich bitte richtig: Es steht Ihnen selbstverständlich frei, Veränderungen auch für den Rest Ihres Lebens nur zu testen.

> Jede Veränderung, die von Ihnen ausgeht, ist freiwillig, und niemand kann Ihnen vorschreiben, wie Sie mit ihr umzugehen haben.

Ich halte aber diesen zögerlichen Versuch, auf zwei Hochzeiten zu tanzen, nicht für sonderlich zielführend. Sie können sich das nämlich vorstellen, als wären Sie in eine andere Stadt gezogen. Obwohl Sie nicht vorhaben, wieder zurückzukehren, können Sie sich dennoch nicht entscheiden, jenes Haus aufzugeben, in dem Sie bisher gelebt haben. Anstatt nun einfach in Ihrem neuen Zuhause anzukommen, wären Sie wohl sehr schnell zwischen den beiden Wohnorten zerrissen. Gedanken wie »Wofür haben wir denn zwei Häuser, wenn wir dann nur eines benutzen?« führen sehr schnell dazu, dass das schlechte Gewissen einen treibt, zumindest für ein Wochenende an den alten Wohnort zurückzufahren, obwohl man eigentlich viel lieber die neue Umgebung erkunden würde.

Käme nun ein guter Bekannter mit diesem Problem auf Sie zu, welchen Rat würden Sie ihm geben? *Schreiben Sie diesen bitte in Ihr Heft* und versuchen Sie, von nun an selbst danach zu leben.

Sie können sich sicher vorstellen, dass Ihr Bekannter, der tief in seinem Innern das Haus gar nicht verkaufen will, Ihren Ratschlag nicht unbedingt dankbar annimmt und noch weniger nach diesem handelt. Aus meiner Erfahrung halte ich es für wahrscheinlicher, dass er so lange herumfragen wird, bis er jemanden findet, der ihn bestätigt, das Haus zu behalten. Gerade in einer Veränderungssituation ist es aber fatal, sich gezielt nur mit Menschen zu umgeben, die einen darin bestärken, doch besser alles gleich zu lassen. Einer der bewährtesten Ratschläge, die ich meinen Klienten in diesem Zusammenhang gebe, ist folgender: *Schreiben Sie auf,* wer in Ihrer Umgebung Sie in der Umsetzung Ihrer Veränderung bestärkt. Holen Sie diese Menschen dann ganz bewusst in Ihr Leben.

Möglicherweise entgegnen Sie mir jetzt, dass dieses starke Fokussieren auf das, was gelingt, durchaus gefährlich sein könne. Laufen wir dadurch nicht Gefahr, mögliche Probleme einfach auszublenden und wegzulaufen, sobald etwas schwierig wird? Ehrlich gesagt halte ich es für unwahrscheinlich. Solange Menschen nicht von Gier geblendet sind, starren sie vielmehr dabei wie hynotisiert auf die eigenen Fehler und übersehen das, was gut ist. So ist Ihnen mit Sicherheit der Satz »Ich habe dir das von Anfang an gesagt ...« ein Begriff. Wann hat ihn jemand das letzte Mal zu Ihnen gesagt, nachdem Sie mit etwas Erfolg hatten? *Schreiben Sie es bitte auf.*

Andererseits sollte man eine Veränderung aber auch nicht überbewerten. Das birgt nämlich die Gefahr, dass wir beginnen, uns den alten Zustand schlechter zu reden, als er eigentlich war. Dieses »Wie froh sind wir, dass jetzt alles anders ist!«-Verhalten kann man sehr häufig bei den Bewohnern der ehemals kommunistischen Länder Osteuropas sehen. Fragt man diese nach der Vergangenheit, sind nur die wenigsten dazu in der Lage, neutral darüber zu reden, wie es früher wirklich war. Entweder, so bekommt man dann zu hören, war damals alles perfekt und ist heute ganz schrecklich – oder aber der Befragte würde die angesprochene Zeit am liebsten aus seinem Leben löschen. Ganz selten höre ich hingegen in Gesprächen, dass beide Systeme ihre guten und schlechten Seiten haben. Doch wer die Vergangenheit verdammt und ausschließlich die Gegenwart in höchsten Tönen lobt, zeigt damit genauso, dass er mit Veränderung nicht umgehen kann, wie derjenige, der in ihr ausschließlich Nachteile sieht. Weder war früher alles schlechter, noch war es unbedingt besser. Auch früher war alles genau so, wie es war.

Das Problem ist hier aber nicht die Freude über eine gelungene Veränderung.

> Selbstverständlich verändern wir Dinge in der Absicht, uns zu verbessern.

Wenn wir aber aus Konsequenz unser altes Verhalten, das wir ja durchaus einmal richtig gefunden haben, verdammen, dann verdammen wir damit gleichzeitig uns selbst. Auch wenn wir es vielleicht heute nicht mehr verstehen, gab es durchaus einen Grund, aus dem wir damals so gehandelt haben.

> Doch der Irrglaube, Neues könne nur dort entstehen, wo wir das Alte ausradieren, ist noch immer weit verbreitet!

Lassen Sie mich dieses Verhalten und seine Folgen am Beispiel des politischen Wahlkampfes aufzeigen. Hier machen die wahlwerbenden Parteien meiner Ansicht nach jedes Mal den gleichen Fehler: Sie hacken auf ihre Gegner ein. Auch wenn die Taktik, die Mitbewerber herunterzumachen, auf den ersten Blick durchaus logisch erscheint, offenbart sie beim zweiten Hinschauen eine gravierende Schwäche. Was nämlich kommuniziert so eine Partei möglichen Wechselwählern? Statt eines: »Komm zu uns, wir machen es besser!«, signalisiert sie diesen vielmehr: »Wie konntest du so dumm sein, jemals diese andere Partei zu wählen?« Wer aber schenkt jemandem das Vertrauen, der eine Beziehung damit beginnt, sein Gegenüber indirekt als dumm zu bezeichnen.

Denken wir das einmal weiter. Würden Sie bei einem Händler, der Sie wegen des Produktes auslacht, das Sie aktuell besitzen, ein neues kaufen? Wohl kaum.

Ich habe in diesem Zusammenhang auch einem Freund, der sich um das Amt des Bürgermeisters beworben hat, geraten, davon abzusehen, seinen Gegner schlechtzumachen. Meine Empfehlung lautete vielmehr, seine potenziellen Wähler dafür zu loben, dass sie seinen Vorgänger gewählt hatten. Um ihnen am Schluss zu sagen: »Jetzt aber ist es an der Zeit für einen neuen Weg. Und den gehen Sie am besten mit mir.«

Ein historisches Beispiel dafür, dass auch große Staatsmänner nicht vor diesem Fehler gefeit sind, ist für mich der Gründer der modernen Türkei, Mustafa Kemal Atatürk. Auch wenn sie gut gemeint war, hatte seine vielleicht zu radikale Idee von der Ableugnung des ihm so verhassten »islamischen Erbes« am Ende zur Folge, dass die religiöse Hinterlassenschaft heute mehr Anhänger hat als je zuvor.

Warum aber ist es überhaupt so, dass uns ein Verhalten

oder ein Produkt, das uns gestern noch das beste war, heute eigenartig oder gar schlecht erscheint? Weil alles, so die einfache Antwort, relativ ist.

Lassen Sie mich das an einem Beispiel zeigen. Angenommen, Sie haben an Ihrem Urlaubsort eine Unterkunft gebucht. Da aufgrund einer großen Veranstaltung zum Zeitpunkt Ihrer Anreise alle Zimmer in der von Ihnen bezahlten Kategorie ausgebucht sind, überlässt Ihnen das Hotel für eine Woche das Luxusapartment. Als Sie diese betreten, stellen Sie erstaunt fest, dass es noch viel besser eingerichtet ist als Ihr Zuhause. Sie machen es sich bequem, bis Sie nach Ablauf der sieben Tage der Hoteldirektor bittet, in ein Zimmer der ursprünglich gebuchten Kategorie umzuziehen. Bei diesem handelt es sich um ein zwar geräumiges, aber recht spartanisch eingerichtetes Zimmer mit einem Bett, einem Schreibtisch und einer kleinen Sitzgarnitur. Wenn Sie nun direkt aus dem Luxusapartment kommen, was meinen Sie, wie finden Sie das Zimmer? *Schreiben Sie es bitte in Ihr Heft.* Nehmen wir jetzt an, Sie hätten die vergangene Woche im Schlafsaal einer Jugendherberge genächtigt und man böte Ihnen nun dieses Zimmer an. Wie finden Sie es jetzt? *Schreiben Sie auch diese Antwort auf.*

> Wenn Sie nachhaltig etwas verändern möchten, dann müssen Sie aufhören, Vergangenheit und Gegenwart zu vergleichen.

Es ist mit anderen Worten völlig egal, wie Sie es bisher gemacht haben. Jetzt machen Sie es anders.

> Nicht zu vergleichen bedeutet aber nicht, dass man nicht ab und an zurückschauen sollte, um stolz zu sehen, welch weiten Weg man bereits gegangen ist.

Andernfalls kann uns der neue Zustand nämlich so selbstverständlich werden, dass uns nach einiger Zeit das Gefühl beschleicht, eigentlich gar nichts verändert zu haben. Das Neue fällt uns dann so leicht, dass wir vergessen, woher wir kommen und dass es auch eine Zeit gegeben hat, in der es anders war.

Im Laufe der Zeit beginnen viele damit, ihre durchaus beachtliche Leistung kleinzumachen und sich einzureden, dass sie zu einer wirklich großen Veränderung ja gar nicht in der Lage wären. Verzichten Sie daher nie darauf, sich in regelmäßigen Abständen ehrlich bewusst zu machen, wie viel Ihnen bereits gelungen ist!

Lassen Sie mich aber noch einmal zu den Gründen zurückkehren, aus denen wir eine Veränderung nicht konsequent zu Ende führen. Sie kennen das bestimmt: Nicht immer läuft alles so, wie wir es uns wünschen.

Schon die alten Chinesen wussten: Das Helle und das Dunkle bedingen sich gegenseitig, und das eine kann nicht ohne das andere sein.

War die vordere Seite eines Berges beleuchtet, so lag das dahinterliegende Tal im Schatten. Ein Prinzip, in dem der legendäre Philosoph Lao-Tse die Idee von Yin und Yang erkannte. Er nannte es »Dao«, was auf Deutsch so viel bedeutet wie: der Weg. Auch der Tibeter Tenzin Gyatso, besser bekannt als Dalai Lama, hat einmal gesagt: »Die Dinge sind, wie sie sind, und nicht, wie wir sie gerne hätten. Dies zu begreifen und zu akzeptieren ist der Schlüssel zum Glück.«

Doch auch hier gilt: Obwohl den meisten dieser Sachverhalt bewusst ist, handeln die wenigsten danach. Am Ende hängt die Frage, ob uns ein kleiner Rückschlag davon abhält, eine Veränderung vollständig umzusetzen, vor allem davon ab, wie wir zu dieser Veränderung stehen. Je unwillkommener uns eine Veränderung ist, desto eifriger suchen wir einen Grund, wieder zur Ausgangssituation zurückzukehren.

Interessanterweise passiert das auch dann, wenn die Idee zu dieser Veränderung von uns selbst kam.

Lassen Sie mich ein Beispiel geben. Wenn Sie in der Früh auf dem Weg zur Arbeit in einen Stau kommen, denken Sie dann daran, umzudrehen, um sich den Tag freizunehmen? Wie sieht es aber aus, wenn Sie gerade zu einem Ziel unterwegs sind, an dem Sie nicht zwingend ankommen müssen und eigentlich keine wirkliche Lust haben, dort zu sein? Wie groß ist jetzt die Wahrscheinlichkeit, dass Sie in Ihrem Kopf die folgende Gedankenspirale in Gang setzen: Wer weiß, wie lange ich jetzt hier im Stau stehe. Aber wenn ich so spät hinkomme, dann zahlt es sich doch eigentlich gar nicht mehr aus. Ich glaube, ich fahre ein anderes Mal, und dann schaue ich zu, dass ich zeitiger von zu Hause wegkomme. Obwohl sich die Situation in beiden Fällen gleicht, ist Ihre Reaktion darauf unterschiedlich.

Wenn Sie das nächste Mal bemerken, dass Sie einen kleinen oder großen, einen eingebildeten oder tatsächlichen Rückschlag als Vorwand benutzen möchten, um eine Ihnen plötzlich schwierig erscheinende Veränderung wieder rückgängig zu machen, dann denken Sie daran: Es gab einen Grund, aus dem Sie sich zu dieser Veränderung entschieden haben. Das sollten Sie auch dann nicht vergessen, wenn es unangenehm wird. Ich persönlich habe mir bereits vor langem angewöhnt, das wunderbare Ziel, mit dem ich den Veränderungsprozess starte, groß auf ein Blatt Papier zu schreiben und ab und an darauf zu schauen.

> Veränderung ist wie die Wanderung auf einen Berggipfel. So mühsam der Weg auch sein mag, einmal oben angekommen, sind wir meist unendlich dankbar, ihn tatsächlich zu Ende gegangen zu sein.

An dieser Stelle bleibt mir noch, eine Frage zu beantworten, die für sich allein ein ganzes Buch füllen würde:

Wie handle ich, wenn ich Veränderung gemeinsam mit anderen Menschen gestalten muss? Eine Herausforderung, vor der nicht nur leitende Angestellte in Unternehmensumgebungen stehen.

In diesem Fall erscheint mir das Wichtigste, dass der Verantwortliche sich vorher die Zeit nimmt, den Weg so genau wie möglich zu definieren. Was soll erreicht werden? Und woran erkennen wir, dass wir es erreicht haben? Sie erinnern sich: Nur klar abgesteckte Etappen ermöglichen es, in regelmäßigen Abständen Ziele zu erreichen und das Belohnungssystem im Gehirn zu aktivieren.

Zusätzlich gilt: Veränderungen sollten in umso mehr kleinere Schritte aufgeteilt und umso langsamer durchgeführt werden, je mehr Menschen von ihnen betroffen sind. Denken Sie zur Illustration dieser Aussage an ein einfaches physikalisches Gesetz, das Ihnen mit Sicherheit aus dem Alltag bekannt ist:

> Ein fester Gegenstand, den wir zu schnell verbiegen, zerbricht.

Grundsätzlich hat die Natur es so eingerichtet, dass wir rein körperlich nur in Bereiche gelangen, in denen wir aufgrund unserer Verfassung auch überleben können. So gleicht der Versuch, einem Mitarbeiter bei einer Veränderung zu helfen, damit diese schneller vonstattengeht, der Idee, ihn ohne Training und Akklimatisierung mit dem Helikopter auf den Gipfel des Mt. Everest zu bringen und dort aussteigen zu lassen. Ein Experiment, von dem er mit Sicherheit nicht lebend zurückkehren würde. Genauso ist es, wenn jemand, der eine Gruppe führen soll, einfach in seinem Tempo vorläuft, ohne Rücksicht darauf zu nehmen, dass vielleicht nicht alle seine Kondition haben. Dann ist es wie bei einer Bergwanderung: Im schlimmsten Fall kehren die Mitwanderer, die den Anschluss verlieren, frustriert zurück ins Tal, und der Bergführer bemerkt erst auf dem Gipfel, dass er allein ist.

> Wenn du in Eile bist, so sagt man in Shaolin, dann gehe langsam.

Und wenn du gemeinsam mit anderen etwas verändern willst, dann gilt das umso mehr.

Lassen Sie mich Ihnen zum Abschluss noch eine Übung mitgeben, mit der ich oft meine Seminare beende: Ich nenne sie das »Erfolgsinterview«. *Nehmen Sie dazu bitte noch einmal Ihr Heft zur Hand* und stellen Sie sich vor, Sie hätten die größte Veränderung, die Sie für die nächste Zeit planen, bereits umgesetzt. Nun bittet Sie eine große Zeitschrift zum Interview und ersucht Sie um schriftliche Beantwortung der folgenden Fragen: Wie geht es Ihnen? Wie haben Sie Ihr Veränderungsziel erreicht? War es leichter oder schwieriger, als Sie es sich vorgestellt haben? Welche unerwarteten Schwierigkeiten sind aufgetreten, und wie haben Sie diese überwunden? Was sind jetzt Ihre nächsten großen Ziele?

Bitte schreiben Sie Ihre Antworten in Ihr Heft. Wenn Sie fertig sind, horchen Sie bitte einmal in sich hinein.

> Spüren Sie dieses wunderbare Gefühl der Leichtigkeit, das Sie schon beim Gedanken an eine gelungene Veränderung überkommt?

Haben Sie im Rückblick bemerkt, dass auch scheinbar unüberwindbare Hindernisse am Ende überwunden werden können?

> Veränderungen können auf lange Sicht nur nachhaltig sein, wenn Sie ehrliche Freude an ihnen haben.

Sie gelingen nämlich entweder ganz oder gar nicht. Entschließen Sie sich daher zu jedem Umbruch aus ganzem Herzen. Lassen Sie sich von ihm vereinnahmen und verbrennen Sie sich in ihm ganz. Dann wird von den Ängsten, Zweifeln und allem anderen, was Sie von nachhaltigen Veränderungen abhält, keine Spur mehr bleiben.

Um das Kapitel zu vertiefen, machen Sie die Übungen auf den folgenden Seiten

Übungen

Kann uns jedes Verhalten zu einer selbstverständlichen Gewohnheit werden?

___

___

___

Woran erkennen Sie, dass ein Verhalten Ihnen zu einer solchen Gewohnheit geworden ist?

___

___

___

Wie lange dauert es etwa, bis dieser Zustand bei Ihnen eintritt?

___

___

___

Gibt es dann wirklich kein Zurück mehr?

___

___

Wovon hängt es ab, wie leicht oder schwer es Ihnen fällt, ein einmal geändertes Verhalten auch beizubehalten?

___

Was ist der häufigste Grund, aus dem Sie Veränderungen nicht zu Ende bringen?

___

Soll man andere von Veränderungen überzeugen oder besser für diese begeistern?

___

Kann man in einer Führungsposition Menschen gegen ihren Willen zu einer Veränderung zwingen?

Kettet euch nicht
wie Sklaven an das Schöne.
Doch kettet euch auch
nicht an das Leiden.
Alles ist im Wandel,
beides vergeht.

(Buddha)

Epilog

*Eine Reise von zehntausend Li
beginnt unter deinem Fuß.
(Lao Tse)*

Wir sind am Ziel, und für mich ist es an der Zeit, Sie wieder allein zu lassen. Acht Schritte liegen hinter uns und acht Kapitel, in denen ich Ihnen alles erzählt habe, was ich über das Thema Veränderung gelernt habe. Blättern Sie einmal durch Ihr Heft, dann werden Sie sehen, welch weiten Weg wir gemeinsam gegangen sind. Ich danke Ihnen herzlich für Ihre Zeit und Ihre Bereitschaft, sich auf meine Betrachtungsweise einzulassen, es war eine Freude, mit Ihnen gemeinsam erfolgreiche Veränderungen zu durchdenken.

Veränderung, so haben Sie gesehen, beginnt dort, wo wir verstehen, dass jede Sicherheit nur eine Illusion ist, sowie mit der Bereitschaft, die in uns liegenden Ressourcen zu erkennen und auch zu nutzen. Schenken Sie Ihren Zweifeln genauso Gehör wie Ihrem Wissen, die Dinge verändern zu können. Machen Sie sich niemals von der Meinung anderer abhängig, erfüllen Sie Ihre eigenen Erwartungen und nicht die der anderen und fragen Sie nicht danach, ob etwas möglich ist, sondern alleine nach dem Wie.

Veränderung, so habe ich in der Einleitung geschrieben, kann man entweder gestalten oder man muss sie ertragen. Dazwischen gibt es nichts. Der russische General Aleksej Andreevic Arakceev hat einmal gesagt: »Die beste Zeit, einen Baum zu pflanzen, war vor zwanzig Jahren. Die nächstbeste Zeit ist jetzt.« Was immer Sie beabsichtigen zu verändern, warten Sie nicht. Nutzen Sie jetzt die Gunst der Stunde und gehen Sie den ersten Schritt. Ich wünsche Ihnen dafür alle Kraft, allen Erfolg und alle Freude dieser Welt.

Herzlich,
Ihr Bernhard Moestl
Shaolin, China, und Braşov, Rumänien, im Juli 2017

Danksagung

Wem ich danke sagen möchte

Wenn ich am Ende des Schreibprozesses noch einmal das fertige Manuskript durchlese, stelle ich immer wieder mit großem Erstaunen fest, wie viele Menschen eigentlich an der Entstehung jedes Buches beteiligt sind. Da ihre Zahl immer größer ist als der für die Danksagung vorhandene Platz, möchte ich mich an dieser Stelle stellvertretend für alle zumindest bei einigen von ihnen namentlich bedanken. Beginnen darf ich bei meinen Meistern aus Shaolin Shi De Cheng und Shi Yan Yan, ohne die es wohl kein einziges meiner Bücher gäbe.

Gewidmet ist dieses Buch in Achtung und Dankbarkeit meiner wunderbaren Kollegin Marianne Mohatschek, die für mich zu den mutigsten Veränderern zählt, die mir je begegnet sind. Danke für die vielen Veränderungen, die du auch mir in den fast zwanzig Jahren unserer Zusammenarbeit ermöglicht hast.

Nicht erst seit meinen Aufenthalten in Shaolin habe ich es als das Privileg meines Lebens gesehen, von Menschen lernen zu dürfen, die in dem, was sie tun, zu den Allerbesten gehören. Zu diesen gehören für mich mein Verleger Hans-Peter Übleis, der mir in vielerlei Hinsicht zum Vorbild geworden ist; meine Lektorin Caroline Draeger, mit der mich die Liebe zu Asien verbindet und die mich ständig dazu motiviert, noch besser zu werden; und natürlich mein langjähriger Mentor, der Reiseleiter Alexander Kriegelstein, der mich als Erster gelehrt hat, Menschen durch Veränderungsprozesse zu führen.

Viele wunderbare Ideen und Anregungen kamen aus Gesprächen mit der Kindergarten-Pädagogin Susanne Adler, mit der Lebens- und Sozialberaterin Elisabeth Bauer, mit meiner Cousine, der Buchhändlerin Elisabeth Gläser, dem Fotografenkollegen und Berufspiloten Markus Gollner, Rumäniens Strongman und Autorenkollege Silviu Urdea sowie von der Illustratorin Irene Nemeth, die auch die wunderbare Gestaltung meines Firmen-Auftritts verantwortet.
  Danke sagen möchte ich auch Rainald Edel, Petra Jirkal, Albert Klebel, Diana Kottmann, Jana Malin, Heidi Mischinger, meinem Bruder Matthias Möstl, Sonja Müller, Verena Thiem und Cornelia Zak, die mich mit vielen Denkanstößen zum Nachdenken gebracht haben. Mein Dank gilt auch Ioana Mihăiescu, der ich verdanke, dass ich Diskussionen heute auch auf Rumänisch führen kann; meinem nicht nur rotarischen Freund Andreas Schindl, der mir eine völlig neue Welt eröffnet hat, dem Kronstädter Stadtrat Christian Macedonschi für die grandiose Unterstützung in meiner Wahlheimat Kronstadt sowie meinem Senior-Partner Gerhard Conzelmann, mit dem ich die Faszination für das Thema »Bewusstsein« und die Liebe zu Shaolin teile.
  Meine Bücher gäbe es auch nicht ohne den chinesischen Kulturmanager Jian Wang, der mich einmal als »Europäer

mit asiatischem Geist« bezeichnet und mir den ersten Aufenthalt im Shaolin-Kloster ermöglicht hat, und ohne den Wiener Veranstaltungsmanager Herbert Fechter, der die Shaolin-Mönche und damit das Interesse an der asiatischen Denkweise nach Europa gebracht hat. Ein herzliches Danke geht auch an meine erste Lektorin Bettina Huber, die das Potenzial des Themas sofort erkannt und mit mir vier tolle Bücher gemacht hat.

Ich danke meinen Eltern Christa und Wolfgang Möstl, die mir bereits vor dreißig Jahren ermöglicht haben, die Welt mit eigenen Augen zu sehen.

Weiters bedanken möchte ich mich bei Veronika Preisler für die liebevolle Gestaltung auch dieses Buches, beim Team des Knaur Verlags für die tolle Hintergrundarbeit sowie bei allen Buchhändlern und Buchhändlerinnen für die oft ausnehmend schöne Präsentation meiner Bücher.

Keine Danksagung wäre vollständig ohne persönlichen Dank an meine 2012 verstorbene Großmutter Erika Möstl, die mich gelehrt hat, worauf es im Leben wirklich ankommt.

So bleibt mir zum Schluss, mich bei Ihnen, liebe Leserinnen und Leser, zu bedanken. Es ist mir immer wieder eine große Freude, für Sie zu schreiben!

Euch allen, die ihr es mir jeden Tag ermöglicht, mein Leben mit all seinen Ungewissheiten aufs Neue zu lieben, möchte ich ein ganz herzliches Danke sagen. Es ist schön, dass es euch gibt.